张传勇　编纂

韩指挥营志略

南开大学出版社

天津

图书在版编目(CIP)数据

韩指挥营志略 / 张传勇编纂 . -- 天津 : 南开大学
出版社, 2024.1
ISBN 978-7-310-06369-7

Ⅰ.①韩… Ⅱ.①张… Ⅲ.①村史—武清区 Ⅳ.
①K292.15

中国版本图书馆 CIP 数据核字(2022)第 251286 号

韩指挥营志略
HANZHIHUIYING ZHI LUE

南开大学出版社出版发行

出版人:刘文华

地址:天津市南开区卫津路 94 号　　邮政编码:300071

营销部电话:(022)23508339　23500755

营销部传真:(022)23508542　邮购部传真:(022)23502200

天津创先河普业印刷有限公司印刷

全国各地新华书店经销

2024 年 1 月第 1 版　2024 年 1 月第 1 次印刷

230×155 毫米　16 开本　14.5 印张　1 插页　195 千字

定价:78.00 元

如遇图书印装质量问题,请与本社营销部联系调换,电话:(022)23507125

本书系南开大学"国家级大学生创新创业训练计划"项目"韩指挥营村情调查与史志编纂"暨历史学院党委与韩指挥营党支部共建活动成果。

编修人员

指　导　黄家友　南开大学历史学院党委书记

　　　　余新忠　南开大学历史学院教授、院长

　　　　赵桂敏　南开大学历史学院原党委书记

　　　　江　沛　南开大学历史学院教授、原院长

　　　　王　昊　南开大学历史学院行政副院长

统　筹　王　昊

编　纂　张传勇　南开大学历史学院教授

采　辑　顾斯卿

　　　　赖彦存

　　　　张晰森

　　　　刘紫奕

　　　　戴雨璇

　　　　周正夫

　　　　以上均为南开大学历史学院本科生

摄　影　张传勇

　　　　戴雨璇

　　　　郭　隆　南开大学驻韩指挥营帮扶组成员

制　图　张传勇

联　络　郭　隆

　　　　宋培荣　韩指挥营党支部委员

审　定　黄家友
　　　　余新忠
　　　　赵桂敏
　　　　江　沛
　　　　王　昊
　　　　刘树国　南开大学驻韩指挥营帮扶组组长
　　　　郭　隆
　　　　田其然　南开大学驻韩指挥营帮扶组成员
　　　　王　燚　韩指挥营党支部书记
　　　　宋文奎　韩指挥营退休干部
　　　　宋文杰　韩指挥营村民
　　　　唐秀林　韩指挥营村民

前　言

　　亥末庚初,新型冠状病毒肺炎疫情暴发,党中央高度重视,习近平总书记亲自指挥,一场坚决打赢疫情防控阻击战、总体战的人民战争全面打响。在中国共产党的领导下,全国人民同舟共济、众志成城,以实际行动彰显着华夏儿女勇于牺牲奉献的民族精神。没有任何困难能阻碍中华民族的伟大复兴,没有任何力量能够阻挡中国人民追求美好生活的脚步。2020年,注定是被镌刻在中国历史上的极不平凡的一年。这一年,是我国实现第一个百年奋斗目标,更是决战脱贫攻坚、全面建成小康社会的收官之年;也是南开大学全面落实"十三五"规划,推进"双一流"建设与实现各项改革目标的关键之年。

　　史承赓续,志载千秋。

　　2017年8月,南开大学承担驻村帮扶任务,选派精干教师组成帮扶组进驻武清区大王古庄镇韩指挥营村。帮扶组进驻该村不久,便发现村内现存的史料文字记录稀少,可传承的历史文化资源十分有限。帮扶组的同志们认识到历史是村庄的魂,文化是村庄的根,打赢脱贫攻坚战,实施乡村振兴战略,迫切需要提升村民对自己村庄历史文化的认同感。为此,他们充分发挥高校智力帮扶优势,积极与历史学院党委联系沟通、开展合作,希望搭建文化扶贫平台。历史学院党委一向高度重视文化扶贫的工作,也曾积极落实学校定点扶贫甘肃庄浪的任务,积累了一定的扶贫经验。这次,在接到帮扶组的有关请求后,学院党委高度重视,认真调研、系统谋划,发挥历史学科的科研、人才等优势,选拔精兵强将,积极寻找更有效、更具有可操作性的扶贫帮困措施。最终,组成了由张传勇副教授为指导教师和领队、高年级优秀本科生参与的"国家级创新计划"科研团队,与帮扶组、村委会共同成立了"韩指挥营村村志编写工作组",开启了村志编写工作。

草木蔓发,春山可望。

两年多来,张老师率领科研团队不避寒暑,克服重重困难,通过田野调查、驻村调研、实地采访,积累了丰富的资料,记述下近20万字的工作笔记和大量图片资料,形成了《韩指挥营志略》,内容涉及村庄地理、经济、政治、文化、社会、民俗、人物、科技等诸多方面,系统且全面地保存并还原了该村整体历史文化风貌,为该村留下了宝贵的文化记录。值得一提的是,在村志编写过程中,科研团队还积极参与到我校驻村帮扶组的文化建设工作中,与帮扶组的同志们一同从中国传统文化观念的"仁义礼智信"出发,命名村庄道路,将体现中华民族优秀传统文化的元素命名到新农村的基础建设上,命名了明礼路、修义路、怀仁路、益智路等多条道路。

习近平总书记强调,乡村振兴,既要塑形,也要铸魂。没有乡村文化的繁荣发展,就难以实现乡村振兴的伟大使命。乡土文化是中国传统文化的根底。它不仅是一方水土独特的精神创造和审美创造,更是村民乡土情感的精神寄托。凝聚乡村文化,增强文化自信,对于乡村振兴战略具有积极的推动作用。打赢脱贫攻坚战,是党中央、国务院作出的重大战略部署;助力韩指挥营村建设美丽乡村,是南开大学历史学院落实中央要求,积极履行社会责任的又一次创新实践。在新的时代洪流中,我们希望以此为契机,进一步激发传统学科的科研优势,更积极地拓展社会服务功能,为中国特色社会主义建设尽一份绵薄之力。

南开大学历史学院党委

2020年11月

目　录

1

韩指挥营志略·资料类编

韩 / 指 / 挥 / 营 / 志 / 略

志　例

一、韩指挥营简称韩营，是华北平原上一个极为普通的村庄。早年以农业立村。长期以来，农业生产水平低，为"穷三营"之一。改革开放之后，村民摆脱贫困，生活走向富裕。2009年以来，农地被工业园区占用，村民到工厂劳动就业，生活方式彻底改变。根据2013年天津市政府规划，韩指挥营被列为拆迁村，发展前景尚不明晰。由于村集体缺少公共积累，组织建设薄弱，近年村庄整体发展落后。2017年南开大学帮扶组入驻，助力韩指挥营更快更好发展。此为韩指挥营之基本村情。

二、记录村庄，志体不失为优先选项。或曰志体按部门事业分类，更适宜乡镇以上政区；又曰志体呆板，无从安排鲜活生动的乡村生活。实则，志书结构相对固定但不失弹性，内容条块分割却有极强的包容性，在无损于方志基本原则的前提下，任何适宜的事项，都能被安置于恰当的位置。村庄作为基层单位，其志书更便于以灵活多样的体式，细致入微地记录凡人琐事及民众生活。以此，本书坚持使用志体。

三、较之市县，乡村地狭事简，然修志之难，无逾于村志者。非得其人、有财力、上下同心，不能成事。然三者难以毕备，是以乡村视修志为畏途，虽有其心，终不敢付诸行动。今以"外人"身份编修韩指挥营志，尤感其难。虽用时两年，对村庄仍不免认识粗浅。成书勉强，疏漏在所难免，故名志略。日后有韩指挥营人士不以本书谫陋，有以补充完善，是所望也。

按：方志以其卷帙多寡、类目粗细，有繁简之分。旧志于简本多称

"志略",少有称"简志"者。自二十世纪五十年代编修新志,始有大量简志面世。其始,乃因志书工程浩繁,先编简本以备急需。其后,又以正本志书繁杂,乃浓缩概括,纂为普及之本,名为简志。是为新例。本志敬仿旧志,并为避免误解,称志略而不用简志之名。

四、体例为方志区别于其他著述的独特表现形式,但并非仅是"形式",其与内容并重,不可不着力讲求。村志为方志小品,相较于政府部门编修的市县志,更有条件发挥编修者个人能动性。但无论如何编排,都应首先着眼于编写对象的特点及资料丰瘠,据以确定体裁、结构与编纂方式。以此,本志以纲领目,分为八门:

曰地理,记韩指挥营时空坐落、自然地理环境;

曰村落,记韩指挥营聚落状貌;

曰村民,记人口、姓氏;

曰经济,记韩指挥营由农业立村到以劳务、旅游服务为主的发展变迁;

曰文教卫生,记文化、教育与医疗卫生方面的状况;

曰民俗,分设十二目,详细记述民众生活状况;

曰人物,略记韩指挥营各方面有影响的村民;

曰杂录,上篇记传闻轶事,下篇略记南开大学帮扶工作及本志修纂情况。另有《韩指挥营李氏太极调查》一文,系于本门上篇;《南开大学驻村帮扶组:驻村帮扶洒真情》《韩指挥营村美丽休闲乡村规划方案》二文,系于下篇《帮扶纪事》之后,以存文献。

党政群团等内容,因一时无法调查清楚,故从略。有关政务方面的内容,已分见各篇。

韩指挥营可记之大事较少,已见各篇,不设专门。

五、资料来源主要为采访记录,配合使用已出版的志书资料。大王古庄镇档案当有年度各村人口、土地、收入等基本情况报表,也应有基层组织统计表,或者其他文字资料(调查报告、例行汇报等),由于某种原因,未便查阅。

六、志书纪事当有明确时限。本志写成于2020年10月初,但一些数据并非截止到这一时间。此外,一些事项存续的时段,不易说清,只能笼统地记为"早年""原先"。实出无奈,不得已为之。

七、本志体量偏小,不足五万字,若谓过简,则有明人康海《武功县志》、韩邦靖《朝邑县志》在。本志不敢与康、韩二志并论,但繁有其优,简有所长,总在相宜而已。

地　理

位　置

韩指挥营地处天津市武清区西北25千米，中心地理坐标北纬39°32′，东经116°50′。北临北京通州，西依河北廊坊，是为通(州)武(清)廊(坊)建设核心地带，区位优势明显。

北距大王古庄镇政府驻地3千米，东南距城关镇3.5千米。城关为明、清及民国时期武清县城。1950年10月县治迁杨村镇，即今武清区政府所在。

西北靠近京滨工业园区，东南紧邻京滨玫瑰庄园。东北距枣林村0.7千米，东距北刘庄约2.2千米，南距田古屯约1.7千米，西北距聂营2.3千米。

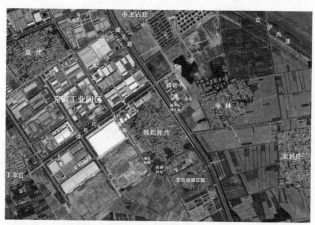

韩指挥营村域卫星图(2019年)

沿 革

据传明代立村,无考。

清乾隆间,隶顺天府武清县安本屯里。(乾隆《武清县志》)

清光绪七年(1881)《武清县城乡总册》记:"韩指挥营村,距城六里。地方李国庆,年四十三岁。共三十六户,旗粮地二十四顷。司事黄永禄、李俭、陶盛□。有学堂一、庙宇五、街道三条,井四口。更夫六。"

1930年6月,武清县划为8个自治区,区设公所,第一区公所在县城城关。区辖自治乡。其后,区划多有变更。1938年,伪县政府更名为武清县公署。1940年3月,伪县公署实行乡制,全县编为8区68乡。第一区设14乡,韩指挥营乡辖14村。村设保公所。

1948年12月,大王古庄地区解放。1949年1月,武清县划分为14个区,韩指挥营隶十区北旺。1950年8月,各区序号变更,十区更为二区。韩指挥营隶属关系不变。

1952年12月,武清县重新划分为13个区。韩指挥营隶第九区,区公所驻城关。

1953年7月,武清县各区设乡,城关区(第九区)设10乡1镇。韩指挥营乡辖韩指挥营、聂营、北刘庄、枣林、小王古庄等5村。

1955年9月,建立初级农业合作社。

1956年初,成立高级农业合作社。

1958年初撤区并乡,大王古庄乡、丁辛庄乡、韩指挥营乡、前侯尚乡合并,成立大王古庄乡人民委员会,辖现17自然村。

1958年9月,实行人民公社化。设韩指挥营管理区,辖大营、陈各庄、距城堡、丁辛庄、聂营、韩指挥营、北刘庄、枣林、小王古庄等9村。隶城关红旗人民公社(1959年3月改称城关人民公社)。

1959年3月,韩指挥营管理区与大王古庄管理区合并为大王古庄管理区。

1961年6月,设立大王古庄公社(由城关公社分出),辖17村。韩指挥营隶焉。

1983年4月,人民公社体制改革,设大王古庄乡。撤销各行政村管委会,设立村民委员会。韩指挥营村民委员会隶属大王古庄乡。

2000年,武清撤县设区。

2001年10月,乡镇区划调整,大王古庄撤乡设镇。韩指挥营村隶天津市武清区大王古庄镇。

(以上参《武清县志》《武清历史沿革》《大王古庄镇志》)

地 势

村域面积约2.6平方千米,地势平坦,西高东低,南高北低。整体上较四周村落为高,比城关海拔高出一米余。

降水偏少,易干旱。二十世纪五十年代以前,水涝频仍,除去特殊干旱年景,一般水灾常见。村东边原有大堤,即清雍正四年(1726)以前凤河故道的废弃东堤。由此往东,经常水涝。其他村庄遭灾,韩指挥营通常安然无恙。俗语有云"枣林没(mò)脖,韩营正得"。是说枣林那边积水已深,韩指挥营这里还可榜地。又有俗语说,韩指挥营地势较高,"旱也旱不到哪儿去,淹也淹不到哪儿去"。

水 利

清前期,凤河故道曾经陈各庄南、丁辛庄与韩指挥营之间,往东南而下。后河道东移。

大谋屯总排干渠,又名四干渠,以始挖于安次、武清合并的1958年,由安次往东编号第四得名。干渠靠韩指挥营村东,流经大王古庄、武清城关、东马圈三乡镇;北起利尚屯扬水站,途经利尚屯村西、韩指挥营村东、五里店村东、大谋屯村西至大谋屯扬水站,约七八公里长;经多次加宽加深,至1978年方形成今日规模;渠上口宽25米,下口宽8.5米,具有排、灌、蓄的综合功用。

大谋屯总排干渠(2019年6月摄)

韩指挥营村域有桥4座,闸1座,涵1座,橡胶坝1座。

韩营北口水站,在四干渠西侧西五支渠首部,建于1980年。机电设备有100千伏安变压器1台,55千瓦电机1台,500铁龙水泵1台,流量为0.5立方米/秒,供大营、聂营、韩指挥营及丁辛庄部分耕地灌溉,效益面积3000亩(1亩=1/15公顷)。由于京滨工业园区的建设,此水站所负担的灌溉土地逐年被园区征用,现均已废除。

2013年,大王古庄镇政府按照京滨工业园区总体规划,在四干渠上韩指挥营北西五支渠首部建橡胶坝1座。

2018年9月份,韩指挥营东北口污水处理站投入使用,占地200余

污水处理站(2020年春摄)

平米,村内生活污水通过管道汇聚于此,经处理达标后排入大谋屯总排干渠。此前,生活污水自然排放。

交　通

东北距京沪高速约2.4千米(无出入口)。村东口有城王路经过,北上大王古庄镇,南下城关镇。村西为古盛路。原有武桐路(南北走向,起点为武廊路,终点为桐柏镇),现已废弃。村北为民旺道。古盛路、民旺道为天津京滨工业园道路。驾车出行便捷。

距武清高铁站30千米,距廊坊高铁站18千米;村东有公交车至武清城区,与廊坊间亦有公共交通工具。

村域旧有京津大道,由京师经桐柏入武清境,经聂营、韩指挥营、武清城关、大桃园、太子务、黄花店、敖嘴、汉沽港入天津界。此为京津之间未修高速路前距离较近的道路。清代时行人车辆络绎不绝。运出的有食油、酒、农产品与土产品,运回的有水果、山货和日用杂货。

按:韩指挥营村域无特定道路名称的均称京津大道,一般的说法,早年凡南北向的道路,都是京津大道的组成部分。

御路在村东口,经此北往小王古庄、大王古庄,南往枣林而下。清康熙、乾隆皇帝曾由此路出巡与回銮。

又有回民道,由廊坊南营到城关西门,中间不转弯,径直经韩指挥营东侧,直达城关西北城角。此为回民往返买牛羊肉所行。现已废弃,仍可见痕迹。

村　落

规　划

村庄呈不规则正方形,南北长 0.75 千米,东西宽 0.72 千米,占地五百余亩。

旧无完整规划。布局曾有调整,因村情复杂,多无果而终。

2013 年 4 月,韩指挥营被天津市政府批准为第五批示范镇村,即拆迁村。其后数年,没有任何进展。2019 年 8 月,大王古庄镇政府确认:韩指挥营村在示范镇建设范围之内,拆与不拆取决于大王古庄镇的发展和本村全体村民意愿,只有户代表表决结果达到比例要求后,报请武清区政府审批,才能开展示范镇建设。但是依据目前情况看,韩指挥营暂时没有拆迁的计划,也没有征收土地的规划。

2017 年,韩指挥营被评为"中国美丽休闲乡村",以此为契机,在南开大学帮扶组的帮助下,制定了以壮大旅游休闲产业为主的乡村振兴方案:坚持政府引导、村民参与、因地制宜、突出特色,以"一河一路,七彩组团"为设计理念,配合村庄人文环境建设,打造中国美丽休闲乡村。详见《韩指挥营村美丽休闲乡村规划方案》(方案未实施)。

2019 年 11 月,武清区政府发布《武清区大王古庄镇韩指挥营村村庄规划(2018—2020 年)》,与美丽休闲乡村建设理念有所差别。

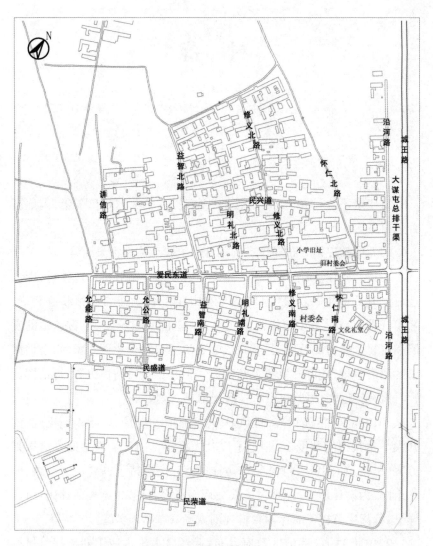

韩指挥营现状图（2019年）

基础设施

民国时期建有圩墙,四面有木制圩子门,用以防贼。各姓轮流巡守。二十世纪五十年代拆除。

中华人民共和国成立初期,街道为三横三纵,现为"四横五纵"格局。

爱民东道为韩指挥营主干路,旧称中街,长600余米,东首接城王路,为出村主要路口。立有村名坊。道路贯穿村落东西,将村落划分为南北两区。南北区各有横向街道,分别称为前街、后街。习惯上也称南部区域为前街,北部区域为后街。道路较为平直,为东西偏东北30°左右方向。房屋皆依道路走向建造。其余道路与之平行或垂直分布。以是村民所言东西南北,皆非正向。

爱民东道东首(2018年6月摄)

主路有16条,全长6200余米;里巷路若干,总长8400余米。旧无名,京滨工业园建成,命名园区内外道路,始将中街命名为爱民东道。2019年秋,南开大学帮扶组会同南开大学历史学院村志编写组、韩指挥营村民,对道路进行命名并安置路牌。与城王路平行者,依次为沿河、怀仁、修义、明礼、益智、讲信、允公、允能,皆称路。怀仁、修义、明礼、益智诸路,又有南北之分。与爱民东道平行者,北为民兴,南为民盛、民荣,皆称道。民兴道即后街,民盛道即前街。路牌间距百米左右,共树立50块,花费8万余元,由南开大学出资。

长期以来,道路设施建设相对滞后。路况差,几无完整的硬化路面。除爱民东道为沥青路外,里巷路基本以土路为主,遇有降水,泥泞不堪,出行极为不便。生活污水自然排放,横流路上。

进入二十一世纪,韩指挥营通过招投标聘请专业清洁人员清扫街道,清运垃圾。在村内设置了两处公共垃圾桶,号召村民不随地乱扔垃圾。但道路仍黄尘满目。路旁及空闲地,杂物随意堆放,垃圾山积。

2018年以来,情况有所改变。2018年6月,污水管网安装完成。6月5日,由武清区政府投资的主干路硬化工程启动,历时一个月,于7月初基本完成。随即进行主干路两侧人行道面包砖铺设、里巷道路面包砖铺装。主干路硬化面积5148平米,里巷路硬化面积71024.3平米,硬化率均达到100%。路旁安装太阳能节能路灯218盏,覆盖了所有主干路、里巷路。

在帮扶组的协助下,村委制定垃圾清运制度和环境卫生长效机制。严格落实"门前三包责任制",垃圾无害化处理率达到100%。

2018年9月,村东北口新修的污水处理站投入使用,占地200余平米,生活污水通过管道汇聚于此。主干路两侧、沿河路西侧墙面美化工

修整前的里巷路(2018年摄)

作基本完成,初步形成无本地传统的仿徽派民居风格。

村内景观一(2018年6月摄)

村内景观二(2018年6月摄)

路牌(2020年6月摄)

小广场位于韩指挥营东南、沿河路西侧,2020年初建成,占地面积300平米,设有户外健身器材、乒乓球桌等。

小广场(2020年12月初摄)

学校、窑厂原有池塘,后填埋。

饮用水井为砖井,水质较好的有前后街两口。现已无。

村内植树较少,植被集中于苗圃。将苗圃计算在内,植被覆盖率达36.47%。现苗圃已拆除,改为工业园区。城王路及京滨工业园区、玫瑰庄园的绿篱、林木、草坪,绿化率很高。

公共建筑

村委大院

中华人民共和国成立以来,村组织办公地点变动较大。初期在大庙或大庙耳房办公。拆掉耳房后,在大庙东侧建平房,一直使用到高级社时期。高级社时期还在前街宋朴园子用旧砖头建了五间房屋,称副业。1958年公社化后,将后街葛家大院两个并排的砖瓦三合房当库房,称后库,兼作办公场所。公社确定三级所有、队为基础以后,在今佳佳超市处临街建10间砖房,作为配电室、电磨和办公处。1965年底"四清"运动后没收中街东段路南林木宝房子一处,在内气焊、翻砂、电磨及办公。1975年左右置换徐元红砖房三间(今陈连发家附近),东屋"革委会"用来办公,西屋作医务室。1977年前后,大队建10间红砖房办公,后院是知青大院。后来房屋失修,就在老书记林凤岩家中办公,有十余年之久。九十年代有段时间无处办公。之后搬至爱民东道东端路北储蓄所旧址,建筑面积150平米。

旧村委大院外观

新村委会位于村东南部,怀仁南路中段,始建于2019年5月,10月初竣工。建筑面积约300平米,涵盖警卫室、多功能会议室、村行政服务大厅、退役军人服务站、日间照料室、南开书屋等。建设资金为上级统筹和大王古庄镇政府自筹。

村委大院(2020年10月摄)

17

图书阅览室	综合办公室	便民服务大厅	军人服务站	多功能室党员活动室	警务室
财会室					
日间照料中心					
卫生间					

村委大院平面图

多功能会议室：召开党支部会议、村党员大会、村民代表会等。

行政服务大厅：简化办事流程，集中处理村内日常事务。已全部采用电脑办公，在提升工作效率的同时加快向无纸化办公方向转变。

行政服务大厅（2020年10月摄）

退役军人服务站：处理与退役军人有关事宜。

日间照料室：照顾村内孤寡老人等。

南开书屋

初设于旧村委大院西侧，紧邻村民活动室。2018年1月中旬建成使用，由南开大学党费建设。屋内安置三个书架和两个期刊柜（南开大学文学院资料室提供),墙上悬挂入党誓词和南开校训。学校党委组织部提供南开书屋内饰图标、南开书屋标牌。

2019年10月中旬搬迁至今址,在村委大院西北角。面积约50平米。书柜均由大王古庄镇政府统一配备,藏书按照党建、农林、亲子、文学、法律等分门别类、重新整理。增设电子阅览功能区域,有电脑三台,为南开大学提供。

南开书屋外景(2020年9月摄)

南开书屋内景(2020年9月摄)

文化礼堂

文化礼堂位于村委大院东侧,与大院相对,面积280平米,可容纳约300人。2019年10月初竣工,为上级统筹和大王古庄镇政府自筹资金建设。文化礼堂涵盖舞台、健身、宣传和文化屋四大功能区,为村民提供了健身、娱乐休闲的场所。

文化礼堂外观(2020年春摄)

文化礼堂内景(2020年春摄)

附驻村单位

驻村企事业单位,比较重要的有当当网信息技术(天津)有限公司、大禹节水(天津)有限公司、都市丽人天津仓储物流中心、聚美优品天津总部、京滨玫瑰庄园及各类学校等。与韩指挥营关系密切者略记如下。

京滨玫瑰庄园

京滨玫瑰庄园位于韩指挥营村东南方,占地1535亩,租期20年,是农业和旅游业相结合的生态庄园。由天津裕丰锦园农业发展有限公司投资建设,大王古庄镇政府给予政策支持和帮助。

2016年3月开始建设,共建成入口景观区、花田乐活观赏区、农耕文化体验区、有机蔬菜采摘区、花果苗木休闲区等五个功能区及外部停车场。当年10月正式运营。

2017年5月15日至5月30日举办首届京津冀月季博览会,京津冀20家资深单位参展,展出品种达200余个,参展月季数量达十余万株,布置了六大月季展区。2018年5月19日至6月9日举办第二届京津冀月季展。京津冀三省市两百多品种、约十余万株精品月季参展,吸引了大批游客前来观赏游玩。并在园区设置北京、天津、河北、精品四大展园供游客观赏,成为国内最有影响力的花卉展览之一。

玫瑰庄园聘请农业技术员进行种植指导和管理,招募人员进行日常维护,高峰时期每天维护员有四五百人,为附近大批农民提供了就业机会,也带动了韩指挥营村的旅游服务产业发展。

玫瑰庄园入园处景致

玫瑰庄园航拍图（2018年5月19日）

武清区林业局苗圃

武清区林业局苗圃位于大王古庄乡韩指挥营村南侧,占地300亩。1949年,建成武清县农事示范推广韩指挥营分场。1956年改为武清县林业苗圃,1984年划归林业局,改称武清县林业局苗圃。种植毛白杨、刺玫、柳树、苹果树、桃树与常绿树桧柏、云杉等,以及串红、木槿、丁香等花卉。年产苗木20万株,以解决武清县、天津市(部分地区)绿化、美化环境的需要,以及更新换代,解决树种单一、品种老化等问题。部分苗木供应至外省市。劳务人员以韩指挥营居多。2009年撤销。现已荒废。

雍合府邸四合院酒店

雍合府邸四合院酒店位于韩指挥营村南,为原苗圃大院所在地。2017年10月开业。是为具有古典特色的民俗酒店,整个府邸建筑采用中式传统四合院建筑风格,室内配置中式家具,并带有书法文案、茶具等设施。室外青砖灰瓦,雕梁画柱,朱砂长廊,飞檐反宇。园区绿化面积近数千平米。内有800平米宴会大厅及各种类型包间,可容纳600人。

雍合府邸牌坊

大王古庄镇初级中学

大王古庄镇初级中学位于韩指挥营东北,城王路东。1985年,大王古庄乡政府在城王路与高速路交口交汇处(即高速立交桥南城王路西)建大王古庄乡初级中学,隶属乡教育办公室。由于就读学生较多,大王古庄镇于2004年又重新规划建成了新的初级中学,更名为大王古庄镇第一初级中学。

大王古庄镇第一中心小学

大王古庄镇第一中心小学位于大王古庄镇第一初级中学南侧。建于2011年5月,占地面积75亩,建筑面积10700平方米。系由韩指挥营小学、丁辛庄小学、大王古庄中心学校合并而成。服务周边10个村。2018年在册学生人数1151人。小学毕业基本全员升入教育园区的中学。

大王古庄镇中心幼儿园

大王古庄镇中心幼儿园位于镇第一中心小学南侧,2010年建。

大王古庄镇中心幼儿园（2020年9月摄）

大王古庄镇初级中学、第一小学、中心幼儿园总校门（2019年6月摄）

村 民

人 口

光绪七年（1881） 36户。

1949年　170户，720人。（《大王古庄镇志》）

1981年　1400余人。

1990年　490户，1505人。其中男776人，女729人。[《武清县志》（1991年）]

1992年　1505人。（《中华人民共和国地名词典·天津市》）

1994年　1510人。（《中华人民共和国地名大词典》第一卷）

2000年　434户，1503人。[《武清县志》（2004年）]

2006年　486户，1553人。

2007年　486户，1548人。

2008年　488户，1548人。

2009年　502户，1559人。

2010年　520户，1602人。

2011年　525户，1604人。

2012年　525户，1604人。

2013年　566户，1804人。

2014年　569户，1834人。（以上据《大王古庄镇志》第一编《建置 政区·镇村概貌》。同书第三编《居民·人口》记2014年为563户，1727人）

2015年　578户，1732人。(《大王古庄镇志》第一编《建置 政区·镇村概貌》，又记为569户，1868人)

2019年6月30日　1797人，其中男880人，女917人。

2009年以来，大批外地人员到工业园就业，有的携老带幼，举家搬来。2019年，外来暂住人口达1600人。

村民身体素质逐年提高，平均寿命呈增长趋势。2020年，村内有85岁以上老人7人。其中，最长寿老人为邵书珍，女，1930年生。

姓　氏

韩指挥营姓氏，已知有31个，人口较多的有14个，人口较少的有11个，已经消失的有6个。

宋氏　祖籍山东堂邑县宋大官庄，约在清乾隆年间，宋鸿献携妻挈子逃荒至此，遂定居焉。民国间，堂邑县宋存芝兄弟4人来韩指挥营谋生，与宋鸿献一族第八世兄弟相称，遂融为一体。已传十二世，现有155人(2019年6月数据，下同)，主要居住在村落西南部。有《韩指挥营宋氏一至八代世系表》，2011年宋文奎以一人之力完成。

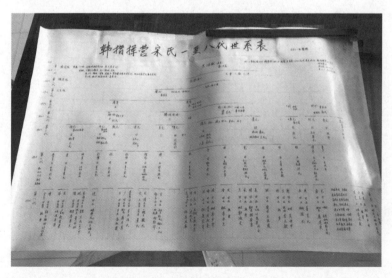

宋文奎绘制的韩指挥营宋氏世系表(2020年9月摄)

刘氏 前街刘氏由丁辛庄迁来,始迁祖刘廷瑞,已传八世,居村落东南。后街刘氏徙自河北衡水,已传八世。两支刘氏共147人。

黄氏 据《黄氏族谱》,祖籍浙江温州,先祖因军功北迁,到武清黄庄寺上,曾建有家庙。后经石各庄镇石东村黄嘉德(后改国用)于清康熙五年(1666)来到韩指挥营。已传十四世,现有118人,主要居住在村落东南部。旧有族谱与大事记,毁于祝融,新谱在编纂中。

王氏 祖籍山东武定府商河县东关,一说小西关,与北刘庄东坑王家同宗。坟地原在丁辛庄村址内,现已无。迁徙时间与世代不详。主要居住在村东中部。

又,林业局苗圃职工王德瑞(河北任丘人)与养子王志恒(武清人),家属落户在韩指挥营三队。志恒有二子,长子回任丘原籍,次子建新生王斌。住村落西南。两支王氏共117人。

葛氏 有新老之分。老葛氏,据传明初由山西洪洞大槐树移民而来(如是当传二十余代,但未见大片坟地。或谓韩指挥营不是落脚的第一站),主要居住在后街西北部。新葛氏,从河北衡水或落垡迁来,始迁祖有万仓、万良,已传七世,主要居住在后街。新老葛氏共112人。

郭氏 祖籍山东乐陵,已传七世,现有109人,居后街。

荣氏 祖籍山东,经武清东马圈荣营来此,一说与霸县堂二里荣家同宗。现有108人,居村落东北部。旧有谱,鼠啮虫咬,已为碎片。

张氏 一由城关八里庄迁来,居前街。有旧祖单。一自白古屯徐庄迁来,始迁祖张殿祥,已传六世,居中街以南。两支共101人。

谢氏 据传徙自山东,经羊坊(未详何处)至此,现有97人,居中街以南。坟地原在尹窑南,后迁至韩指挥营东南沙窝。

李氏 由泗村店迁来,有"五李三侯夏一家"之说,现有76人,居中街南北。

徐氏 一为老户,已传二十余世。后代陆续迁至张营、草茨等村,居韩指挥营者,在中街南北。村西南有大片茔地,已毁。一由安次大官地迁来,始迁祖徐怀,已传六世,居中街南北。现共有68人。

陈氏 一以浙江绍兴府山阴县后浙村为祖籍,先祖有为官经历,已传十世左右,住中街中段路南。一由山东迁来,迁移时间及世代不详,住村东部。共有67人。

赵氏 自山东迁来,已传六世。现有41人,居住前后街。墓地在东南口四干渠西堤。

师/施氏 来自河南,后世有迁至聂营、前侯尚等村者。已传二十余世,现有29人。师后改为施,师、施通用。坟地在村西,已毁。

林氏 由安次大常亭迁来,始迁祖林法孔先在大常亭寺庙出家,后还俗迁韩指挥营定居。已传十世。

米氏 住前街中南部。墓地在村南。

吕氏 住村落东南部。茔地在村西南。

陶氏 清光绪年以前迁此,世代不详,居前街中部。

庞氏 由北刘庄迁来,已传五世,居中街中段路南。

闫氏 闫振平由城关南桃园迁来,已传五世,住后街。

田氏 住中街及村西南部。

唐氏 唐伦自河西务岳(音 yào)庄迁来,已传五世,居中街西段路北。

周氏 由河西务龚庄迁来,住中街西段路南。

魏氏 从山东逃荒而来,始迁祖魏成海,已传五世,住前街沿河路西。

胥氏 胥殿发由河北安次落垡口迁来,已传四世,居益智北路西侧。

已消失的姓氏:韩、邵、杨、肖、薛、沙。

韩氏 是为韩指挥营立名姓氏。在村落东、西、南原有三片韩坟,均已毁。后人陆续迁往他处。清末民初尚有韩姓人家。风水先生王兰新曾拜韩六先生为师。

邵氏 村南有邵坟,已毁。

杨氏 属城关杨。村内最后一人为杨顺。村西口有杨坟,已毁。

肖氏 由白古屯桐林迁来,有肖七(佚名)者,推小车,敲堂锣,吸引小孩用破烂换玩具,无子女,已故。

薛氏 有薛坤者,住郭玉奎西边,院落宽敞,中间五间房。其孙宝山,未婚无子,已故。

沙氏 由聂营迁来,至第三世红文,未婚无子,已故。

经　济

农业生产

旧有"多枣栗，少农耕"之说。2010年以前，韩指挥营经济活动以农耕为主，主产小麦、玉米，兼种棉花。由于土质沙碱，水源不足，农业生产水平低，村民生活条件差，与附近聂营、大营并称"穷三营"。

清光绪年间，韩指挥营有24顷土地，合2400亩。

中华人民共和国成立前，村内最大地主为郭氏玉茹、玉奎兄弟，葛家、李家亦有地主。(见《杂录上》)经土地改革，他们过多的土地、房屋被分给贫苦农民或被征用。

中华人民共和国成立后，政府鼓励开荒种地，土地面积有所增加。至2006年，耕地面积有2600余亩，其中粮占耕地面积980亩。后因水利、交通、基本建设、开发、土地流转等原因，耕地面积逐年减少。至2012年，耕地面积1782亩，粮占耕地面积749亩。至2013年，村内绝大部分耕地被征收。现今，村庄无空闲耕地。

中华人民共和国成立以前，地主每家占有土地约一二百亩。1950年土地改革完成，先从互助组开始，三五户插犋。有自发的，也有组织的。1953年成立初级社，有顺利社、建强社、三丰社等，每个社20户左右。农户未全部入社。1956年成立高级社，已无单干户。韩指挥营为一个高级社，以村命名。

1958年9月人民公社化，公社下设管理区，每村一个大队，实行"一大二公"，人员物资一平二调，劳动生产军事化，吃饭食堂化。后遇三年困难时期，经济困难，国家进行调整改革，解散公共食堂，确定人民公社三级所有、队为基础的管理体制。村内先是四个队，后调整为八个生产队。1964年后进行"四清"，1966年开始"文革"动乱，社员出工不出力，生产停滞。党的十一届三中全会后，实行生产责任制，农民生产积极性被调动起来，经济复苏。

韩指挥营实行联产承包责任制始于1981年，因害怕走歪路，进展缓慢。土地按人口分配，即生产队土地数除以总人数，三年或五年一变更。届时，增添、减少人口的生产队需重新调整土地分配。人均大致2亩地，以生产队为基准。八个生产队之间有所差异，人多地少的分到1亩6分、7分，最多不超过2亩。1998年，中央政策要求土地承包30年不变，村里除各队保留一二十亩机动地外，全部按照人口数平均分配。机动地分配完后，新增人口不再分配土地。

初级社时，耕地使用双轮双铧犁，牲畜拉拽不动，后来当作废铁出卖。后来使用曲辕犁，再后来是七寸步犁，即直辕犁，能犁到七寸深。畜力长期不足。人民公社时期，每个生产队三百多亩地，役畜以驴、牛为主，骡、马为辅。总共十多头，不敷使用。轧地仍需人力。使用拖拉机时间较晚。武清县有几台拖拉机，由村里选派人员，培训为拖拉机手。使用前，需跟县里约好。后来，公社有了拖拉机站。犁地之外，压场也用拖拉机。等到使用脱粒机直接脱粒，就不必压场了。

韩指挥营一带属燕山南麓盐化潮土区，主要是沙壤质潮土、盐化潮土。随着农村农田基本建设和科学种田水平的提高，大部分耕种土地的等级均获得提升。

长期使用粪肥，亦有夏季高温堆肥和秋耕增肥之法。土地上冻前，把土地翻一下，把叶子等翻下去，腐烂后增加土地肥力。

中华人民共和国成立后，遇到天旱，使用土井浇灌，由于缺少抽水设备，只能依靠人力，车拉水缸浇地，效率较低，仅能浇灌井边几畦。1964年，在"四清"工作队帮助下，村里进行地上灌溉，在村南四干渠西堤设扬水点,渠底加深以蓄水,地上架两台以上大泵,泵接大的地上渠,时称"大龙沟",高、宽均在两米左右。水渠往西、南延伸,往西直到苗圃西南角,渐窄渐低,可以浇灌南口以及苗圃以西部分土地。当时渠高、水量大,时常决口,人少很难堵住。除南口外,在北口亦设过扬水点,进行地上水灌溉。后来使用机井,电力抽水。改革开放后则实现规模化灌溉。使用水泵带子(俗称小白龙)和地下暗管,可以浇灌离井较远的田地。

治理农业灾害,主要是对付蝗灾。中华人民共和国成立以前,主要以人工扑打为主,打一口袋蚂蚱奖励一定数量粮食,以示鼓励。中华人民共和国成立后,曾有飞机喷粉治蝗。

中华人民共和国成立前,韩指挥营农作物种植单一,一般是玉米、小麦和红薯。以红薯为主,玉米、小麦较少。村民以红薯为主粮,多将红薯晒成薯干,以利于保存食用。

中华人民共和国成立后,主要的农作物有玉米、小麦、高粱、谷子、大豆、小豆。大豆一般指黄豆,也包括青彩豆、白彩豆。小豆主要包括红豆、绿豆。也种土豆(即马铃薯),数量不多,当菜也当饭。

二十世纪七八十年代生产队时期,小麦、大豆、棉花、玉米、花生、谷子都有种植。由于缺少水源,小麦播种较少。为保证社员口粮,棉花种植面积受到限制。改革开放后,土地分给社员,大面积种植的仍为小麦、玉米,兼种棉花,棉花是经济作物,可以赚钱。其他经济作物还有花生等。花生与棉籽均可榨油。家家种植谷子,用秸秆喂养牲口。

蔬菜主要是白菜、萝卜,萝卜分若干种,红的、白的、绿的,韩指挥营基本都有。此外还种植葱、蒜、韭菜、撇子(皮兰,即茎用甘蓝)、蔓菁、菠菜等。水果种植苹果、梨、沙果等。二十世纪八十年代有过苹果园,后来城王路改造加宽占用土地,果树铲除;现在是散种。

白薯曾是韩指挥营村特色作物,因沙土地适合种植,味道甜香独特。现已不再种植。

1981年前,韩指挥营家家种烟,种植面积不大,零星地到城关集市售卖。韩指挥营的烟叶,为大烟叶旱烟,品质较好,方圆数十里颇有名气,售价高、很抢手。韩指挥营民众所用烟叶,均为自家所产。最好的时候是二十世纪七十年代,改革开放以后种植面积减少。后来耕地转为工业园建设用地,仅村西口一两家尚有少量种植。

育苗在春天,由几户人家培育,供大家伙种植。其法:首先把烟籽儿装在尼龙袜子里,放水里浸泡。泡透后,涮一涮放碗里(碗里有土,吸收多余水分),上面盖上棉花套,置于炕头增温,每天涮一次。待小白芽拱出,把平整的畦子用水浸透,把白芽撒沙土里拌匀。一畦所放籽儿不能太密,再均匀撒上湿的细沙土,用麻包片盖上保湿。十天八天后,苗露头出来了,有根了。一点点再用杆把麻袋片或草帘支起来,这样好长。春天育苗,六月十五号左右,秧子长成,可收两茬。六月十号麦子熟了,拔完麦子,移栽到麦地里。接近白露节就熟了。打完烟,还能种麦子。烟产量不低,一亩地能收四五百斤干烟,呈黄斓的干烟。

本地烟都上绳,每个绳花夹上几片叶(叶柄对齐),烟绳上架,日间光晒变干,夜间承露变潮转色(绿变黄),早晨趁软下绳,展平成捆。

烟的品质种类不一。有红花的,有黄花的。黄花的叶子长,红花叶子短。如"蛤蟆烟"叶子颜色深,黑绿黑绿的,随长随收,不上绳转色,晒干粉碎,劲大味猛。

工商业与副业

中华人民共和国成立后,韩指挥营村的副业曾有编筐、织席、做豆腐、打花生油、榨棉籽油、磨香油、轧花、丰花,还有修自行车、气焊、翻砂(铸铁)、烧窑烧砖、磨光、车床等,种类较多。但因各种因素制约,各类手工业、企业均未做大做强,没有影响力,经营不长久。进入二十一世纪,随着京滨工业园区的成立及逐步升级发展,韩指挥营耕地被征用,失去了企业做大的基础条件。目前,韩指挥营没有正式的企业。

二十世纪六七十年代,发展小柳编,即编小筐、小篮子,从事这类工作的以小姑娘为主。编筐、织席所需材料,有当地产的,如桎柳,也有外来的。五十年代多地发生水灾,政府支援发展生产,运来苇子、荆条让农民织席、编筐,挣加工费。

纳纱也是小姑娘干的。

村民还接过扎花(插花,即组装成形)的活计。工厂出半成品,村民代工,以老年人居多。扎一朵(或一支有几朵)花一毛钱,扎得好一天可扎四五百个,收入四五十元。一个月下来,可挣千余元。

磨豆腐用石磨,进入八十年代开始使用打浆机。制香油亦用石磨。后街刘家不少人家仍在生产经营香油。此为目前韩指挥营坚持下来的为数不多的副业之一。

香油坊(2020年9月摄)

初级社时期,做花生油;生产队时期榨棉籽油。韩指挥营1958年也曾利用白薯拐子做酱油,白薯拐子即薯块和秧子的连接部位。

八十年代后期,村集体先后建起皮件厂、纺织厂。1996年成立个体经营的面粉厂,主要生产销售面粉。亦经营未久。现在买面主要是到城关。

制卖糖葫芦仅在冬天进行。主要是山楂的,可以加豆沙、加糯米、加核桃仁、蘸瓜子的。村里人喜欢吃。宋月田曾制卖过,现已不干了。

二十世纪五十年代即有供销社,现有小卖部十余处。

家庭养殖,早年以养猪、养鸡最为普遍。每家都养三五只鸡,二队有过养鸡场。养猪时,生产队时队繁户养,责任制后出现养猪大户。养鹌鹑的有几户,在室内用架子分层立体养殖,有肉用和产蛋两种。随着新农村建设和京滨工业园区工业化步伐的加快,没有耕地,便没有粮食喂养了。养殖业呈现衰减势头,养猪养鸡户锐减。现仍有两户坚持喂养,一户是宋文武,本身是兽医,治病有保障。

粮补与劳务

建设京滨工业园区,陆续征用韩指挥营各类土地3300余亩,从2009年至今,村里土地仅剩100多亩,且都不适宜耕种,只能种植些苗木。至此,韩指挥营以农耕为主的生活生产方式彻底改变。2010年以来,韩指挥营村民收入主要来源于土地粮补、劳务收入、房租收入及经商等。

被征收土地,一年分两次发放粮补。夏季发放每亩750斤的小麦钱,秋季发放每亩850斤的玉米钱,即一亩地每年定1600斤的粮食。价格按市场定价。2018年每人大致按2亩地给付。为期50年。另有每亩两万元的资金,存于某处,村庄拆迁时给村民支付养老保险。

村民在京滨工业园等地打工,月入3000元以上。一家两口,每年收入72000元。再加粮补七八千元,年收入近十万。另加房租,收入尚可。

旅游服务

失去耕地后,韩指挥营村民收入来源很大程度上已经脱离纯农业经济,为京滨工业园区服务成为收入来源之一。京滨工业园区里的外地打工人员在本村租住房屋,村民收取租金;村民经营商店超市等服务行业为园区人员提供日常生活所需的服务。

2016年,韩指挥营启动占地1535亩的京滨玫瑰庄园项目,成为韩指挥营旅游发展的新亮点和新经济增长点。2017年10月,入选农业部(现农业农村部)"中国美丽休闲乡村"推介行列,并被评为中国美丽休闲乡村,为韩指挥营发展休闲农业带来了更大机遇。在此基础上,韩指挥营确立了以壮大旅游休闲产业为主的乡村振兴方向。

按照村庄产业发展方向,韩指挥营大力发展旅游休闲配套产业,目前拥有超市六家,各类餐馆十余家,另有雍和府邸、小木屋、农家乐及出租屋,满足不同档次住宿需求,形成日趋完善的旅游休闲配套体系。同时,村庄各项基础设施得到改造提升。2019年,韩指挥营年可接待游客人次与旅游直接收入可观,旅游业带动农民收入增加。

小木屋(2020年6月摄)

村中住宿、沐浴场所,由小学改建(2020年8月摄)

文教卫生

教　育

中华人民共和国成立前,韩指挥营村在大庙设有学堂,教师住在小耳房。后改为小学。1940年《河北省武清县事情》记韩指挥营乡立初级小学,教职员1人,学生32人(男生17人,女生15人)。周围各村学生都来上学。有一到五年级。课程有国语、算术、自然(介绍地理知识)、唱游(唱歌游玩之意)、说话(每个学生上台前讲故事或者说谜语让大家猜,练习说话,培养说话能力)。国民党统治时期有童子军,所以还有团训这门课。另有《修身》课,都是政治课。抗日战争时期,学校教过日语,有日语书。

另有一家私塾,由黄庆元开办。人数不多,只有生活条件不错、重视教育的家庭才能够送小孩进私塾读书。私塾主要教授四书五经。

中华人民共和国成立后,教育普及程度提高,适龄儿童都有免费受教育的机会,可以读到四五年级。小学改成完小,有一到六年级,三四个老师教课。周围村庄聂营、大营、陈各庄、枣林、北刘庄、小王古庄的孩子都到韩指挥营完小上学。教材与以往不同,主要有语文、数学、音乐、体育等课程。1952年,韩指挥营完小校长是张凤焘。

在大庙设夜校、扫盲班,参加学习者均为成年人。没有课本,仅教识字。教师为陶宗堂。

学校最早在大庙开办,后搬到地主家的四合院办学,经过原地几次重新翻盖,教室的大小、采光以及班容量等指标得到了规范。

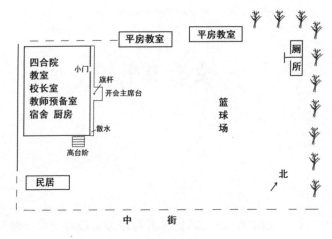

二十世纪五六十年代韩营小学平面图

二十世纪八十年代,韩指挥营大力改善办学条件,成绩突出,作为先进集体分别出席了1985年武清县、天津市改善办学条件表彰会。

九十年代前期,韩指挥营中心小学由刘继琦担任校长,教职工12人(教员8人),共6个年级,6至7个班的规模,在校生二百余人。其后,黄世鑫等担任校长。

1998年前后韩指挥营中心小学毕业班师生合影

前排左起第五至第八分别为刘加臣老师、黄世鑫老师、刘少元老师、郭宝安老师

1978年,韩指挥营小学发展为带帽中学(附设初中)。此前,小学毕业升学,通常到城关中学。至1990年,教职员15人,3个年级,5个班,学生162人。1993年,教职工19人,3个年级,6个班,学生256人。1997年,大王古庄乡学校布局调整,韩营中学与大王古庄乡初级中学、利尚屯初级中学合并。

2004年,韩指挥营与小王古庄、刘庄、枣林四个村的村委会,经过协商后达成一致,决定集资共建一所现代化的教学楼,村民们踊跃捐款捐物,仅一个月时间,捐款近200万元。2005年初,建筑面积2000多平方米的韩营中心小学顺利竣工。有14个教学班,配有微机室、美术室、实验室、多媒体教室等设施,达到了部颁一类标准。是年,韩指挥营小学与小王古小学等周边村落学校进行合并,成立大王古庄镇第二中心小学。

韩指挥营中心小学教学楼初建成的情形(《今晚报》2005年5月)

2010年,大王古庄镇重新规划镇教育园区,将镇第一中心小学和第二中心小学合并,称大王古庄镇第一中心小学。

2018年更名为大王古庄中心小学。

学生走读,配备校车,一天三次免费接送。

文　化

"文革"时期，村里有宣传队，表演样板戏。也有演唱评剧、京剧的。聂营的人员来村里唱过《沙家浜》。

文体活动旧无固定场所，无戏台。二十世纪七十年代建有篮球场、灯光球场。2019年，新建成文化礼堂，为村民提供了健身、娱乐的休闲场所。

南开书屋是针对村民文化生活贫乏的现状而建设的。图书种类涵盖党建工作、农业养殖、亲子教育、休闲娱乐、历史教育等多个方面。其中，南开大学党委组织部提供700余册书籍，文学院资料室提供300余册书籍，校图书馆提供300余册中文书籍、200余册外文书籍。村内自存书籍约200册。另有南开大学经济与社会发展学院教工党支部、外国语学院、历史学院行政教师党支部捐赠的图书若干种。现藏书2000余册。村民凭证借阅，由村委会专人负责管理。南开书屋搬迁至新村委会后，增设了电子阅览功能区域。南开大学向韩指挥营赠送12台电脑，解决书屋电子阅览、文化礼堂电子放映等问题。

医疗卫生

中华人民共和国成立前，村里有黄家和李家两家医生，都是西医。村民生病基本上在本村问诊。中华人民共和国成立后，赤脚医生中西医结合，一根银针一把草，用土方子治病。村民谢甫（音pǔ），六十年代在外行医，为支持农村医疗工作，响应号召回到农村。

韩指挥营建有卫生室一处，未利用。个体诊所有三处，谢凤宁诊所在中街东段路南，韩俊芹诊所在中街中段路北，李仲军诊所在修义南路北段路东。诊所医生兼职卫生室医生。另有药店一处。

诊所看病以感冒等常见病为主，进行开药、输液等常规治疗。大病、重病需转诊至杨村或廊坊。遇到特殊疾病，则根据病情及患者选择转到其他医院就医。1992年以来，一直使用西药，也有中成药。用药尽

韩俊芹诊所（2020年12月初摄）

量使用口服药。医疗设施较为简单,即俗所谓"老三件"——血压表、听诊器、体温计。疫苗接种由大王古庄镇卫生院负责。

村民于2006年开始参加新型农村合作医疗。在籍人员除去国家正式职工,都已加入新农合。报销比例达55%。在镇级以上医院可以使用。

诊所在大王古庄镇卫生院指导下,参与公共卫生服务工作。对村民进行卫生医疗知识宣传,在村内设置宣传栏,内容每三个月更换一次。定期给60岁以上老年人做健康筛查,一年两次体检,四次随访。对确诊高血压、糖尿病等慢性病人员实行专案管理,采取集中和入户的形式,定期随访。至2018年底,本村患高血压人数为214人,糖尿病患者65人。

近年来,呼吸道、消化道肿瘤患者人数有增加的趋势。

中华人民共和国成立后,村内未出现大的传染病疫情。2003年"非典"时期,在政府防疫部门领导下,韩指挥营干部群众严防死守,阻断了疫情的传播途径,全村没有一例"非典"病患发生。大的医疗卫生事件,发生在三年困难时期,有食用青菜汤中毒事件,天津市派遣医疗队前来治疗。

牲畜传染性疾病主要是猪瘟、鼠疫、狂犬病等。中华人民共和国成立以来,积极开展防疫工作,村内没有出现大的牲畜传染性疾病疫情。生产队时曾派宋文武到公社兽医站学习,为本村畜禽治病。

随着国家医疗水平的不断提高,村民的就医观念也在不断进步。村民生病能够及时就医治疗,保健养生意识增强,出现服用中药进行调理养生的现象。村民到杨村、廊坊等地中药铺抓药,或到武清中医院购买熬制好的剂型,存放于冰箱,用时可随时加热服用。开始注重保养,利用土方食疗等方法提高身体的免疫力。常见者,用蒲公英泡水饮用,排毒泻火。口舌生疮,用蒲公英水漱口。春天挖芦苇根煮水喝,预防小孩出花出疹。吃萝卜来败火,俗语有云"吃萝卜就茶,气得大夫满街爬"。再就是参加各种体育娱乐活动强身健体,如习练太极拳、打球、跳广场舞等。

民　俗

民　生

　　1985年以前,社员在生产队劳动,吃大锅饭,出勤不出力,大家都耗时间,粮食收得少,与周围村庄相较,生活水平较低。村民的粮食吃到春天过不了多久就不够了,拿粮本到粮站购买返销粮。韩营与人营、聂营时号"穷三营",粮站人员喊谐音为大爷的、二爷的、三爷的,有嘲讽意味。

　　韩指挥营村民一般没有粮票,如果需要,可用粮食换取。采购站收东西,也给票。过去如果分的粮食不够吃,有村民到北京郊区黑市上用小麦换玉米,也有村民零星种点土豆等作物,去换点麦子、玉米。

　　买煤油、火柴以及油盐酱醋等生活必需品,要拿鸡蛋换取。卖烟草也可换得零花钱。

　　联产承包责任制实行以后,粮食产量提高,温饱问题得到解决。虽然村集体收入微薄,但村民个人收入呈显著增长趋势。1983年,村民人均收入192元,到2018年人均可支配收入为23000元,2019年为25200元。

　　社保已完全覆盖,分A、B、C、D四等,村里仅付最低档,55岁开始享受。现有低保11户,特困供养户9户。

　　村里无留守儿童,家长都在附近上班。

　　村中无集市,二十世纪五十年代有供销合作社营业网点,隶属于城关供销社。主要业务是供应村民生活的必需品和部分生产资料,收购农副产品。改革开放后出现小卖部,2000年前后,有了超市。主要供应日用品。现在,村里设有6处超市商店,蔬菜水果以及一般生活用品齐全,完全能满足村民的日常生活需求。赶集通常到城关镇,城关镇每月逢农历一、三、六、八日有集。早年,也到廊坊、桐柏(距韩指挥营10千米)、北旺赶集。

通电较早。1961年,小学安装电灯。一两年后,村民家庭开始使用电灯照明。最早时变压器小,电线细,村民家中没有家用电器,仅有15瓦的电灯泡。至80年代,过年的灯泡仍没有蜡烛光亮。由于电压不稳,各家备有调压器,调到500伏,实际也就100伏。后来多次整改,加高电线杆,将杨柳木的电线杆改为水泥的;同时增加变电站。改革开放后,村民开始使用洗衣机等电器。1980年后出现黑白电视机,比其他村庄要早。当时,街坊四邻都来观看,坐一炕人。

1958年前后,村里安装了小喇叭播放节目。是时文化生活匮乏,主要广播时事新闻、英雄事迹,学习劳动模范、英雄人物,学习毛泽东选集,等等。通电以后,改为大喇叭广播,播报天气预报、传达文件以及通知等。

1958年前后,韩指挥营已通电话。六七十年代还是手摇电话。与枣林、小古庄共用一根导线。响一下小古庄接,响两下枣林接,响三下韩指挥营接。1982年,公社投资2万元购置水泥杆及铁线,更新了由利尚屯至韩指挥营村的电话线路。之后电话、广播线路不断更新改造。

知　客

知客是专门主持料理红白喜事者,一般由公认的见多识广、能说会道、有威信者充任。人说,好热闹的闲人当知客。知客没有报酬。一般每人管一片,以备几家同时有事。

知客盛行于中华人民共和国成立前,中华人民共和国成立以来,红白事仪式简化,尤其近几十年来出现专业公司一条龙服务,知客职能减弱。

前后有王国庆、田俊瑞、林凤柱、叶茂荣、宋文记、宋文良、王宝宽、刘世懿、高文彩、谭素兰等人担任韩指挥营知客。

婚　姻

早年讲究三媒六证,经由媒人介绍。男子想娶谁家闺女,男方家找一媒人,到女方家介绍男方家的情况,如哥儿几个,几间房,全得说明白。女方家也得问,男方哥儿几个,几间房,几个大姑子,几个小姑子,全问清楚。女方若同意见面,则在媒人家见面,女方瞅着男方行,便初步定下。

次日相家,女方到男方家看看家里的房子、院落情况,就定下来。之后定日子,女方到男方家过大礼,亲戚朋友全请来,女方父母跟着,互相见面。要逐一介绍,男方姥姥、姨姨、姑姑,都给见面礼,早年没钱,一人给两块,现在得二百元。

定亲后,男方要到女方家认门,如女方父亲有哥儿仨,要带三份礼物,她爸爸一份,那哥儿俩一人一份。认认门,就行了。

二十世纪六七十年代,结婚多在腊月。彼时生活困难,农村秋后有点现钱,生产队到时候开点余款,聘闺女、娶媳妇,全在腊月,赶在冷时候(当时基本没有在五一、十一结婚的)。日期多选择双日子。

结婚时,男方再致送一些聘礼。六七十年代没条件,多为三百、二百元。女方家陪送嫁妆。姑娘手巧的,针线活拿得起来的,娘家陪个缝纫机。这是有条件的家庭,大多数人家也就陪送一对箱子。

男方在结婚前一日受礼,亲戚齐聚,男方给姑姥姨娘舅舅等长辈亲人磕头,后改为鞠躬,早先是鞠三个躬,后来改革,先给亲戚中的大全活人(就是儿女双全、公婆或父母俱在的)鞠三个躬,之后再给众人鞠一个躬,接受礼金,礼成。

婚礼当日,新郎穿红色棉裤棉袄。新娘不盖头纱。早年坐轿子的有盖头,二十世纪六十年代尚有使用的。"文化大革命"后消失。条件好的人家用马车,没条件的用牛车。将大席围在大车上,席后面插朵花略作装饰。八九十年代有用自行车的。现在普遍用小轿车。

或亲迎,或不亲迎。新娘的哥哥嫂嫂陪行,再加个兄弟,将新娘送到男方家中。以前没有伴郎伴娘的风俗,仅有大弟弟伴随。

队伍到家,搬板凳请新娘下车,新郎三鞠躬,迎新娘进家。新娘给婆婆戴花,婆婆送喜包。过去典礼时,有司仪(知客),有证婚人,证婚人是婚礼中地位最高的。典礼按照程序,一项一项进行,新人给老人鞠躬,向介绍人致谢,夫妻互敬,等等。之后,主婚人、证婚人、介绍人退席,留下新郎、新娘二人。此时,司仪也逗两句,问新人怎么认识的,会不会跳舞,等等。而后大家退席,新人入洞房。

中华人民共和国成立后的典礼是,悬挂毛泽东主席像,前面放八仙桌、几条板凳,桌上摆上一盘糖、一盒烟,新人对主席像三鞠躬。彼时,由账房先生写几条程序,典礼时照此进行。现在,结婚典礼基本邀请婚庆公司主持。

其后,给亲戚行礼,亲戚致送礼金。

入洞房,先由童男、童女各一人带着喜包踹开房门,忌用手推。童女把门外贴的红纸撕掉。要有二斗红高粱,不可用白高粱。门前还要垫石头,取意步步登高。早年有上炕之俗,新郎拉童男,新娘拉童女,由炕头上,从炕尾下。

此为典礼大概。倘若新娘娘家的风俗与韩指挥营有异,两边各说各的理,就要由知客协调,确定用哪边的礼节。

婚宴,首先请新娘的哥哥、嫂子、弟弟等娘家人入座,早年人少,就几个人,现在多了。新娘跟娘家嫂子等送亲女客同屋。男客一屋,大炕上摆两桌,先礼让新娘的大哥坐炕头,再礼让新娘的二哥坐炕梢。陪客为男方家属里的姑爷,没有姑爷,则由舅舅、叔叔、大爷陪着,凑六人一桌。在周边村庄,新亲和其他亲戚混坐,韩指挥营则请新亲坐屋里,别的亲戚坐外面。是为韩指挥营一特色。

炕八仙的桌子,摆放有讲究。把炕八仙的条横过来,客人才上桌。

　　旧时摆菜也有讲究,上菜有先有后,有所谓"鸡头鱼尾"之说,即一上鱼、一上汤,菜就算上完了。总起来说,先上凉菜,而后上炒菜。凉菜讲究四个,现在多为六个。又讲究二八,即八个碟八个碗,八个碟为四个凉菜、四个热菜;八个碗是指两碗肉、两碗豆腐、两碗粉条、两碗饹馇,一套八个碗。比较讲究的,要有白条、红条、方肉、四喜丸子。白条、红条就是蒸碗扣肉,有长条的,有方的。

　　上菜过程中,讲究上吃下撤,即把摆上的菜吃完了,撤下,再摆上新菜。此外,猪肝、猪肺、猪肚等所谓窝囊废,不可摆在新亲跟前,否则会引起不愉快。

　　席间推杯换盏,新亲不说喝好了,不能上饭。等到时间差不多,大师傅上汤。汤有讲究,一般是鸡蛋汤。现在条件好了,有时候汤里放鸳鸯。大师傅出场,新亲致送红喜包。过去讲究不上汤不撤筷子,否则被视为不懂规矩。上了汤不喝不碍事,要等上完汤再撤筷子。

　　新亲吃完饭,上一壶茶,全撤筷子。新亲喝完水下炕,知客喊"新亲车套好啦"！新亲知道是来催了,就到新人那屋。家长互相交换礼节,定好男方什么时间到女方家去,女方什么时间到男方家来接闺女,约定之后,新亲辞别,新郎跟家属一直送到车上。

　　新亲走后,知客主持新娘向婆家亲戚长辈行礼(新郎可陪同)。堂屋墙上贴大红双喜字,前放八仙桌,点上一对龙凤红烛,放一个茶盘。新人向每位亲戚长辈行礼,受礼人掏钱放入盘中,是为授礼。所有人受(授)礼结束后,新娘在盘中抓一把归新娘自己,曰抓尖儿。剩下的归婆婆。

　　至夜,闹洞房。有条件的人家,开两桌酒席,叫亲戚朋友喝喜酒。没条件的,找小青年闹闹洞房。闹洞房以点烟、吹烟、剥糖、吃糖、叼苹果等方式戏弄新人。如让新娘点烟,早先没有打火机,使用火柴,新娘一划着,马上就被轻易吹灭,以此戏弄新娘。闹洞房的,主要是未婚男青年,年龄大的,如大伯子(新郎的哥哥)是不适宜参加的。女性很少参与,小姑子除外。

新婚次日,新妇烧炕,先扒灶火,里面有婆婆放的喜包,早年一般两块钱。有人会提前告知新妇此事。第三天清早,新妇给公婆沏茶,并奉献点心给公婆品尝,是为礼节。茶叶和点心是娘家准备的。压箱子点心之意,在过去是担心婆婆厉害,新妇受气吃不饱饭,娘家以两盒点心压箱子,一盒留着新妇自己吃,一盒送给婆婆。是日,到本家辈分大的人家认门。第四日一早,新人回娘家。有当日返回的,也有留住的。此后,新妇在男家开始正常生活。

新婚第一年春节正月初二,到女方家拜年。要按岳丈兄弟数预备相应份数的礼物,并住上相应的天数。初二在岳丈家吃,初三到大爷或叔叔家吃。是为请姑爷。早年,姑爷是上客,岳丈岳母下座伺候,端茶倒水。这是担心姑爷欺负自己闺女。进入二十一世纪,此俗渐无。

近亲结婚。有所谓两姨成亲,即男女双方母亲是亲姐妹。亦有所谓姑舅成亲,即舅舅家的女孩子到姑姑家做儿媳妇。但不允许所谓"骨肉还家",即姑姑家女孩子给舅舅家做儿媳妇。

早先父母包办婚姻,悔婚者较少。现在悔婚不少见。如女方反悔,需将男方彩礼退还;若男方反悔,不能讨回彩礼。

人民公社时期,韩指挥营生活条件差,生产队分东西少,不够吃,娶媳妇很难。村里姑娘往外面条件好的地方嫁,外村的姑娘不愿嫁进来。很长一段时间,嫁出去的姑娘多,嫁进来的少。现在,嫁进、嫁出的差不多平衡了。

中华人民共和国成立前有娃娃亲、童养媳,中华人民共和国成立后就没有了。农村的童养媳,大多是因为家里没条件抚养,没办法就找主送人。没条件抚养,多是父母亡故,祖父母没有能力抚养,或者祖父母也不在人世,无人照管。

入赘,过去入赘,男方要更改为女方的姓,结婚仪式没有特殊之处。

离婚与改嫁相对不多,村民思想相对传统,一般不离婚。过去有了孩子丈夫亡故的妇女,从二十多岁一直守一辈子,多么难过也不提出改嫁。离婚的很少。再婚通常不举行典礼,直接入洞房。

中华人民共和国成立前,妇女的家庭地位较男性为低。女性在家常受婆婆的气。死要面子活受罪,吃不饱、挨欺负,到娘家不敢说,中华人民共和国成立后,这种情况见少。

男主去世,家庭往往陷入困顿,难以维持。有俗话说寡妇门前是非多。

早年妇女的职责就是生孩子、围锅台转,家务事、做衣服、刷洗、推碾子推磨,过去都是妇女的事。中华人民共和国成立后妇女翻身,妇女参加劳动,上班工作,地位提高。

生　育

结婚时,女方家里串好枣、栗子,希望到婆家后早点生育。

早年有接生婆,请到家里接生,赠红包酬谢。八十年代初以后,孕妇几乎都到医院生产,没有在家的了。

过满月,宴请亲戚朋友。没条件的三五桌;人缘好、亲戚多的一二十桌。无特别仪式。百天时,买金锁银锁。无抓周之俗。

六七十年代以前,每家都有多个孩子,三四个的很常见。六十年代号召计划生育,至八十年代强制计划生育,一对夫妇只能要一个,无论男孩女孩,违者给予处罚。现在可以生育二胎。

过去存在重男轻女的观念,喜欢要男孩,人们认为没儿子是一种缺憾。现在有一说,闺女比儿子强,闺女是"小棉袄",儿子是"皮夹克"。皮夹克贵,但穿不了几天,光瞅着好看。

妇女生育后,在一段时间内多脱离生产劳动。有谚语说"闺女勤媳妇懒,生了孩子就脱产"。

丧　祭

老人去世之前,家人有所准备。叫火化车,送纸送布送丧盆。请先生写帖子,通知逝者的亲戚朋友。过去是喜事红帖子(请柬),丧事白帖子(讣告)。帖子上写明离世时候、火化时间、发帖时间及出堂时间。找几辆车,送至各村。

人离世,称倒头。穿上寿衣,停放至门板上。家人商量丧事如何办理,大办还是小办,放三天、五天,还是当天下葬。有的当天就下葬,有的搁三天下葬。通常头天离世,第二天火化。还要跟丧家商量,为亲戚朋友准备酒席的数目与标准,由大师傅安排妥当。通常,出殡前一天晚上和出殡当天中午,亲友人多,为正席,普遍按每桌500元的标准,其余均为便席,每桌150元的标准。

有坟茔地,请风水先生择穴。找不找风水先生全在个人信与不信。

俗说孝头没大小,磕头不按辈分。孝子女披麻戴孝,见人就磕头。

孝服亲疏有别。孝子披麻戴孝全套,有腿带子、腰带子。女儿在过去穿白褂子,姑爷是一块白搭子即孝带,现在也给一件白大褂。本族近亲穿麻;亲戚不穿麻,用白搭子。孝褂子等多为租赁。

当日晚饭前,旧为装棺入殓,现在只是停尸烧香化纸。

晚饭时,包四碟饺子上供。近亲磕头。先是姑爷,再是表兄表弟、外孙子,之后是孝子孝女。磕头仪节不一,有磕四行四满的,四起八拜的,有磕四个的,有鞠躬的。姑爷四行四满:作揖,起来,一回;跪下,起来,一回。共四回。第五回,跪下连磕四个头。有的鞠四个躬,有的跪着磕四个头。

第二天早上便席吃完,然后去火化。火化后,骨灰盒入灵棚,亲友行礼,姑爷为先。晚饭后辞灵,以肉饺子五碟25个为死者上供,亲友行礼如仪。供饺与未上桌的饺子,由本家晚辈食用。现在为方便亲友回家,辞灵改在晚饭前举行。夜间,孝子轮值守灵。

第三日上午十点前后送路,烧纸活。传统纸活为车、马、牛、轿子,逝者为男性,烧纸马;女性则烧纸牛。近年增加纸质冰箱、彩电、楼房、汽车等。亲友行礼如仪。中午开席后,两三点时出堂(即出殡),去坟地的晚辈咬材(财)饼、拿糖块,大门外设祭桌、丧盆,亲友行礼如仪。礼毕,孝子摔盆,起灵,孝男举纸幡、花圈等前行,孝女坐车后随。行至中街,停在路中央,吹奏、演唱,引村民围观。之后放炮,再次起行至东口大桥,一行人改乘大卡车前往墓地,下葬或存放骨灰堂。近几年有租用炮车开道护送的。

次天清早请便席,150元的席面,答谢帮忙的亲戚朋友。

三天圆坟,修整坟冢。以后逢七烧纸,五七烧纸花,六十日烧纸船。

死亡日期为阴历双日者,家人买只公鸡,拿刀一刺,扔到外面。俗说,双日子要死两个人,就拿公鸡顶替一个。扔出的鸡,通常有穷人捡回吃掉。后来感觉此举有些血腥,改为放生鸽子。

聚族而葬。中华人民共和国成立初期,村里最大的两块坟地,一是徐坟,一是师坟,这两个姓氏传承较久,有20余代,他们的后代多数扩散迁往邻村,仍有少数在韩指挥营居住。早先有韩坟地,现在没有了。公墓始建于2011年,位于利尚屯西北口,距韩指挥营十余里,由利尚屯、陈各庄、枣林、丁辛庄、大营、距城堡、聂营、小王古、刘庄和韩指挥营村共用。

清明祭祖扫墓。添坟、烧包袱。包袱用纸糊成,里面装有黑纸、黄纸剪成的纸钱。将纸钱放在纸袋里,写上收发地址、时间、收件人、发件人,以及爷爷好、奶奶好一类话语。因墓地距离较远,焚烧地点不一。七月十五中元节、十月初一寒衣节均烧包袱,十月初一包内加寒衣。年节初二亦烧包,大年三十即供上写好的包袱,这叫供包袱。祭祖时烧纸点香,磕头。现在年轻人几乎不再磕头,代以鞠躬。

居 住

住房为平房,无楼房。多为改革开放以后所建,超过四十年房龄的房屋已很少见。按过去的说法,超过六十年,房子自己就偻了(方言,坏了的意思)。房屋均为南偏东朝向,自南往北,角度渐增,后街北端房屋已为东南向。

旧时,普通人家建三间房、五间房。地主建三合院、四合院。三合院为正房一座,厢房两座,另加一座门。四合院为五间正房,东西各三间厢房,带两间露顶,再建五间倒座房。正房通常高于厢房。

四合院平面图

住房旧为大坯房,墙体外侧为红砖,里侧土坯。地基以灰土夯实,人工以石磙子(压麦子之用)打夯,最低需用十余人。夯实后,用捡来的半头砖垒四到五层,上接土坯。檩条用杨木、榆木。房屋通常宽(即进深、跨度)五米至五米半,长无定数,高则在两米三左右。旧时,通村皆为大坯房,地主家亦然。坯房墙皮厚,冬暖夏凉。二十世纪五六十年代仍很常见。打地基以电夯,地基之上或铺设数层钢筋。垒砖十二三层,厚度为三七墙和二四墙,架顶仍以檩条,也有使用楼板的,较为少见。

早年房顶架构之柁、椽,以及门框,全部使用木料,做工朴素,较少雕花。大木架偶尔做点花活。八十年代以来,柁的使用见少。

原先盖房,要先打框,然后盖房。屋门尺寸有讲究。旧时木匠有门尺,八道星配八道门。星和门配不对,犯忌。现在已不再讲究。早年建房,在朝着窗户那面,门跟门对,窗与窗对;很少在后面(北面)开窗。现在为了出租需要,也有往北开窗的。严格按风水来说,房门不能完全对大门,要往东错开四寸。

砖为人工烧制,有烧砖的窑,现已废弃。过去没瓦,和泥涂抹,一年一抹,后来才覆瓦。砖房结实,也不容易漏雨,不怕雨淋湿。早先垒砖用泥,然后溜缝。后来掺和白灰、沙子,再后来是水泥。

过去盖房得几十号人,大都是邻里、亲友帮忙,不支工钱。请工匠的,每天管三顿饭,外加五毛钱。改革开放后,建房都承包给建筑队。

正房住老年人,晚辈住厢房。东厢房住大儿子,西厢房住二儿子,倒房住小儿子。房间格局多样。有中间是客厅的,也有进屋即为炕的。

早年卧房通常搭炕。在堂屋两侧各垒一个锅台,在里屋搭炕。冬天,做饭的同时,把炕也烧热,一举两得。搭炕用50公分长的大坯,六十块上下即可。正房的炕建在阳面;厢房的炕建在靠窗户一侧,也有条山炕(靠山墙建造),比较少。炕基本朝阳面。现在有炕有铺,老年人愿意睡炕,年轻人愿意睡铺。进入二十一世纪,村里有了暖气,仍有不少烧大炕的。2017年下半年,实行"煤改气",安装燃气壁挂炉1008台,村内所有户均使用清洁天然气能源取暖。

屋内布置,沙发靠墙,以求稳重。床不能朝门,亦有不能睡柁下之说。家具以往通过村中木匠打造,款式以及样式相对单一,不能批量生产。二十世纪八十年代后,家具基本上是到商场购买。

早先大家庭同居,三四代人都在一个院子里,不主张分家。二十世纪六七十年代以来推行盖新房,另找地方,就住不到一起了。

早年各姓聚族而居,宋家住西南,黄家在东南,葛家在西北,荣家在东北。现在各姓杂居,一姓分散各处。

近数十年来,有大量韩指挥营村民到附近杨村等地置业居住。房

民居外观一(2018年6月摄)

民居外观二（2018年6月摄）

民居庭院一（2018年6月摄）

民居庭院二（2018年6月摄）

屋闲置者,用于出租。京滨工业园相关产业人员在韩指挥营租赁房屋者,有1400至1600之数。

旧时只有地主家有浴盆,可以躺着洗澡。村民洗澡,冬天自己烧热水擦洗,夏天去水塘水坑里洗。中华人民共和国成立后,村内有了公共浴池,村民家中也逐步修建浴室。现在人们用上了太阳能热水器,节能环保。

厕所多置于院落西南角。厕所原为旱厕,2007年改造为水冲式,化粪池用洋灰板凑成,分为三个段,池子蓄满后,找专门人员抽走。2018年9月,武清区在韩指挥营试点修建较为高级的水冲式厕所,2019年改造完毕。

村内耕地陆续被占用后,村民习惯在自己院子里种植各种蔬菜瓜果,供自家食用。有葱、黄瓜、豆角、西红柿、茄子等。

饮　食

中华人民共和国成立前,韩指挥营农作物单一,一般是玉米、麦子和白薯。1958年以后因白薯高产,将其作为主粮,把薯块切片晒成薯干易于保存食用,但失去了鲜食的味道。有歌谣说"瓜菜半年粮,白薯是大挡饯(管用)"。

中华人民共和国成立前,食物以糙米饭(高粱米饭)、贴饽饽为主,早饭吃玉米面粥,午饭玉米面贴饽饽。贴饽饽一般没馅,玉米面和水后贴到锅边,一面是饹馇。二十世纪五十年代至八十年代,只能吃不多的白面。主要吃玉米面、高粱面,也有少量的谷子。还有少量粘谷,可以做粘饽饽、元宵。

野菜有荠菜、马生菜(即马齿苋)、苋菜、苣荬菜、苦麻菜、蒲公英、醋溜、燕苗(即小牵牛花)等。一般剁成馅,在锅里蒸,不生吃。燕苗的根也可以吃。燕苗长得跟小喇叭花似的,春天到地里刨燕苗根,可以煮着吃。故老称韩指挥营在战国时代地属燕国,以此得名。现在吃野菜的少了。

原先村内有砖井四口,供人们使用,水质较好的只有前后街两口。

老人都爱喝茶,早年喝茶用大茶壶,做一个棉套能保温,打开套倒水。现在有暖壶和饮水机,方便多了。过去大锅烧水,连炉子都没有。

现在,随着社会发展交流增多,村里外来人口增多,村民们各地食物都吃。但老年人还是愿意吃农家饭。

过去一家人吃饭,炕上放小炕桌,脱鞋上炕吃饭。夏季把饭桌放到院子里,在外面吃饭。现在盛行专门的饭桌,围着高桌子吃饭。还有个别老人愿意在小炕桌上吃。

本地烧饼原分方、圆两种,方的跟一盒烟差不多大,一指多厚,多层,现在已无。早先的馃子是圈的(形似牲口挽具的套包),现在也没人做了,都是两条面坯压在一起炸成的,称为棒槌馃子。

村民口味适中,没什么忌口。

韩指挥营村民吃饭没有过多的讲究,村子里有相当数量的饭馆,亦有两家早点铺子,早点时间顾客数量较多。

出 行

早年村民出行以步行为主,挑挑子(扁担)载物,后来有了小推车,一个村只有为数不多的几辆,主要是卖货的使用。人民公社时期,交通工具种类增多,使用马、牛、驴等畜力。根治海河后,小推车使用较多,民工可以每人配一辆。改革开放以后,家家有小推车。小拉车、三轮小拖拉机等都很常见。现在有些村民已经有了自己的小轿车。村民日常出行,会选择自行车、小三轮,远一点的地方就打(出租)车。虽有公交车,但不甚方便,乘坐者较少。

村民出行一般没有什么讲究,不会特别挑日子。但俗信民俗初一、十五不出门,大年初五不能出门,清明节、七月十五、十月一是鬼节,也不能出门。

节 日

传统节日以春节、清明、八月十五与四月节最受重视。

除夕日放鞭炮，碎屑清扫至一侧，正月初五以前不能往外清理。旧有踩岁之俗，院中撒芝麻秸，踩上去咔咔作响，是为踩碎(岁)。现在芝麻秸难寻，已无此俗。至夜，吃完饺子，男性到各家串门拜年。初一日，妇女拜年。未婚的姑娘不拜年。长辈给拜年的小辈红包，通常为一百元，亲近的给二百。给未婚者红包，称压岁钱。

八月十五中秋节俗称八月节，晚间在院中以月饼、水果等上供。月饼，早年多自制。糖饼外粘芝麻，有数层夹层。尺寸较大。有刻花。

生产队时期，逢春节、八月十五、四二一庙会时杀猪。各生产队自行宰杀，多宰一头就多分些。四二一庙会已无。

信　仰

中华人民共和国成立前，村民信神信鬼比较普遍。宗教信仰以佛教、道教为主。家里供奉神佛、关公、灶王爷等，或者供奉祖先。也有信奉天主教的，冬天农闲时节，到韩村入教，一人可得五块大洋，俗谓"天主我的主，一个眼珠儿两块五"。开春后，回村继续劳作。

当地俗语谓没庙不算村。韩指挥营原有五座庙宇：大庙、土地庙、五神庙(音)、观音庙、娘娘庙。

大庙位于中街路北，正殿五间，前出廊，后出厦，蓝砖灰瓦，单檐、硬山顶，两侧有耳房各两间。有院落，正中有门。所奉神祇不详。中华人民共和国成立前，殿中无塑像，墙上有壁画像。抗日战争时期改为小学校，直到中华人民共

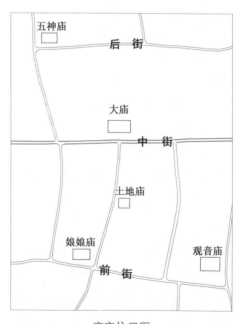

庙宇位置图

57

和国成立初期。后被作为大队部、供销社。1977年拆除。

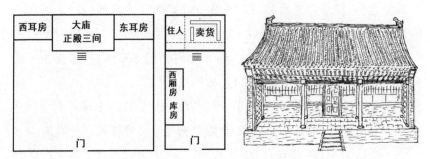

大庙平面图(左)与大庙正殿复原前视图(右)。大庙平面图左为1950年前后时的状况,右为1955-1977年用作供销社时的状况。平面图据宋文奎草图绘制,复原图为宋文奎绘

观音庙又称菩萨庙,在村东。是倒座庙,有耳房。中华人民共和国成立以前即已仅存遗址。据传,此庙虽然正门朝北,且大门常年敞开,但庙内点燃的蜡烛、香火无论多大的西北风从未熄灭过。因为里面有避风珠。后来南蛮子将避风珠盗走了。农历九月九,不能生育的妇女前来烧香求子。还有一个瞧仙儿的老太太,开的药很有效,偏方也有。

娘娘庙在前街西端路北,一大间正房,两侧有耳房。所谓娘娘,一说是女娲,一说为碧霞元君。

土地庙在村西头。俗信,村民死后会到土地庙报到,家属排队在那里磕头烧香。中华人民共和国成立前,一些要饭的住在那里,一个叫老贺,一个叫范瘸子,来历不详。

五神庙在西北角,所奉神祇不详,或言五谷神,也有认为土地神的。

以上三庙,在中华人民共和国成立后拆除。用绳子套上泥塑头部,拉到了坑里。

城关东关外东岳庙会,在每年四月举行,俗称四月节,村人趋之若鹜。但前后街日期不一,前街为四月二十一,后街为四月二十八日。

旧时本村有一位王兰新,已去世,外号称为王军师,土圣人。会瞧阴阳宅,很有名气,方圆五十里的老百姓盖房、婚丧嫁娶、择日等都会找

他看一看。

现在主要有信佛和信天主教的,一般都信佛,信天主教的原先仅有一人,娘家为韩村,祖辈皆为天主教徒,自小受洗。有空就到韩村教堂做礼拜。现在,村内已有数人入教,妇女居多,在本村聚会活动。

民俗有所谓墙爬子,很多人自称见过。多在漆黑夜晚。有见到披头散发的墙爬子的;也有以为是墙爬子,上去拿刀砍,结果是一棵歪脖树。村人多不愿多谈,不知何故。

探望病人,不能在初一、十五日,也不能在下午。岁数大的人讲究,年轻人不讲究。盖房有事,去找人问问,给个日子。盖房动土,找一个双日子。择日之事,村民多在信与不信之间,有时不拿这当回事儿,真有事儿也信。

盖房子时,在工地插杆挂红布条或红旗,有鼓舞士气、警示安全作用。上梁时候,要几个木工、几个瓦匠,带着斧子、瓦刀,据说为了避邪。

娱　乐

二十世纪八十年代以前,幼童缺少玩具,游戏比较简单,多为就地取材,以弹球、踢球、打尜、跳鞋排、跳房子、摆方、抓汉奸为乐。

打尜。把短木棍子两头削成尖,是为尜。把尜搁地上,用木板击打一端,尜弹跳起来,再用木板将其击飞。距离远者为胜。

弹球就是玩玻璃球,弄一个小坑,隔一定距离把球弹进去。或击中对方的球,收为己有。

得凯(dē tǎi)就是一个人扔木棍,另一人截打,看能否打得着,看谁扔得足够远。

官打巡美。四个人玩,夏季脱掉鞋,每人一只栽在地上成一列,隔一定距离,拿另一只鞋去冲,击倒最远一只鞋的人为"官",击倒次远一只的为"打",再次近的为"巡",最近的为"美"。"官"下令打几下,执行者"打"拿鞋打受刑者"美"的脚底如数,以取乐。如在室内玩,四人抓阄,"官"发令,"打"用尺子打"美"的手心如数。

摆方。两人进行,分别使用两种不同的小棍或石子,置于4×4方格图中十字交叉处,二人轮流放子,大方四角处不放子。规则是:

成方多摆一章,即一方的四子形成一个小方,可多摆一个子;

成龙多摆三成,即一方的五子连成一条线,可多摆三个子;

成龙方多摆四成,即一方成龙方可多摆四个子。

除大方的四角外,全部摆满即开始走子。

把 ∷ 变成 ∴˙ 叫开方,反之叫关方;

把 ⋯⋯ 变成 ⋯⋯˙ 或 ˙⋯⋯ 叫开龙,反之叫关龙;

把 ⋯∷ 变成 ⋯∴ 叫开龙方,反之叫关龙方。

开方吃你一章,关方吃你一章;

开龙吃你三成,关龙吃你三成;

开龙方吃你四章,关龙方吃你四章。

最后以无子、少子一方为输。

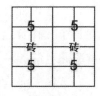

二十人打
老虎游戏图

二十人打虎。两人进行,一人当人,放20个小子,每五个一组,放在图中十字交叉处。一人当虎,放两块大砖头,位置如图。规则为:人不动虎不吃,人先走;虎在人上越过即表示吃人,人被虎吃尽则虎赢,虎无路可走则人赢。

二五八。先画一图(约略如下图),三人分坐北、西、南处,各拿一子放置在各自起始位置。每人手中攥一到三个子,每次一人可出示零到

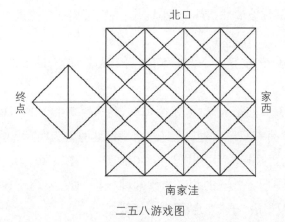

二五八游戏图

三个,三人出示合计数为一至九个,据数字决定谁走子。规则为:一、四、七上家西,西子走一步;二、五、八南家洼,南子走一步;三、六、九占北口,北子走一步。以子先到终点为赢。

挖胶泥摔炮。下雨后从水坑里挖胶泥,按压成碗状,底部很薄。翻转过来摔向地面,里面的气压会顶破薄薄的胶泥。俩人比赛,各自拿胶泥赔补对方的窟窿。摔来摔去,不善摔的就把自己的胶泥全赔进去了。

小姑娘踢毽子,毽子自己做,家家有公鸡,拔几根毛做毽子。

十个八个孩子还可以捉迷藏,俗谓藏闷儿(即迷),一人藏起来众人找。还有围一圈,丢手绢。

中华人民共和国成立前,村民的娱乐活动较贫乏。晚间无事,小伙子们滚碌碡、举石锁,练武,习武未成系统。有外来说书的,请说书的来,各家出点玉米,凑半口袋粮食,到后院听说书,说书的在这儿待十天八天,吃完半口袋粮食就走了。如听者意犹未尽,可以再次凑粮续讲。

初级社时期组织过高跷,活动了几年。人民公社时期集体看露天电影较多。县里有放映队,一个多月放映一次。地点一般是在大队院里、学校门口、村东口。战争片较多。

民乐会是韩指挥营群众自发的娱乐性组织,原名韩指挥营太平车会,大伙儿敲敲打打娱乐娱乐,已有二十年历史。2011年改今名。秧歌

休闲的老年人(2018年6月摄)

61

2015年3月11日参加大王古庄镇畅响"京滨"广场舞大赛
一等奖作品《圣诞狂想曲》

队,多时达到40多人,其中打鼓的10余人,打镲的10余人。每到年节,村里的这些文艺队伍就举行跳会,有踩高跷、扭秧歌等各种形式的演出。谁家结婚有喜事,秧歌队无偿去给庆贺。秧歌队、健身队参加县、镇比赛,均有不俗的成绩。1998年韩指挥营秧歌队在全县获二等奖。近些年,跳广场舞日渐兴盛,跳会见少。组织者乏人。

村里有乒乓球俱乐部,有麻将活动室。羽毛球运动在村民中也很普及。2018年为村民们安装了体育健身设施。

平日打牌的多。旧村委会附近有麻将馆,一般下午都会有人一起打牌。夏夜,还有人拿着音响、麦克风唱歌、喊麦,唱的、听的,有近百人参与。

韩指挥营有研习李氏太极的风气。唐秀林等拳师收徒练习,免费教村民练拳强身健体。

语　言

语言基本是普通话,显著区别是,由 a、o、e 等元音开头的音节前加"n",如安读为 nān,藕读为 nǒu,鹅读为 né;但 er 除外,前不加"n",有儿、尔、二。又,帮工,读若"搬工",省一"g"。花生,读为 huā shen。也省了一"g"。

皮棉、籽棉之棉，均读为 mián，在棉花则读 miáo。

嫩读 lèn。

秴子，秴读 hē。

耕，在偏正结构中读 gēng，如可耕地、非耕地；在动宾结构中，读 jīng，如耕地。

暖，在暖壶、暖气中，读 nǎn；在暖和中，读 nǎo。

反映社会生活的歌谣较多。哄小孩睡觉，常说"狼来了，虎来了，和尚背着鼓来了"。所谓狼、虎，据说是指七郎八虎杨家将；和尚指五郎。宋朝与辽、金对峙，在本地你来我往。此谣即由此时流传下来。现已不再流行。

又有"锅盆儿锅碗儿锅大缸，掸瓶帽镜大皮箱，茶壶茶碗茶儿茶盘子，被窝褥子门帘子，周凤跟着周园子"之句，为儿童说唱的歌谣。此句为韩指挥营所独有。周凤、周园子均为韩指挥营人，周园子是周凤胞弟，园子为其外号。周园子身材高大，文盲，以乞讨为生。入社后，住在社址，几天领一次粮，吃完又去要。后死在河西务一带。

其余有特色的歌谣有：

肖七娘，脚趾盖儿长，吹笛打鼓盖厢房；厢房没有正房高，养活（生育之意）孩子大屎包。

小耗子儿，倒掀（liē）掀皮儿，掀出来骨头换泥人儿。

七月十五号嗓（意为祭先人），八月十五装嗓（意为吃美食）。

勤俭、勤俭，有备无险；懒婆懒汉，有地（也）难产（粮食）。

地不丢穗儿，场不丢粒儿，秋天弯弯腰，（胜过）冬天转三遭。

拾茬（zhà）头儿，烧热炕，白天干点儿不上当。

韩营儿街，两头洼，（短期内）不是死俩就死仨。

谢木匠（名万仓），手艺妙，干起活儿来呱呱叫。打的风箱个儿不大，拉着省力呼呼呼（风大之意），开锅快呀哗哗哗，大人小孩笑哈哈。

一等人儿，（凭票购物，有人给）送货上门儿；二等人儿，不用求人儿;三等人儿,人儿托人儿;四等人儿,找不着门儿;五等人儿,跑外交(即联系业务),"墨菊"烟卷儿嘴上叼;六等人儿,会手艺,工分之外有零花儿(钱);七等人儿,饲养员,畜生有嘴不会说;九等人儿,当把式(即赶车),阴天下雨修理车,队长瞅见不敢说;十等人儿,没有辙,家里骂,外头搭(ké,刁难之意),推着小车儿上海河(土方工程)。

砸地基用劳动号子。砸地基有10个人的,12个的,以10人的居多。其间有一人以劳动号子协调众人动作,众人呼应。其词不固定,多数为:"同志们要起劲哎嘿,哎嗨哟啊——,向东来一下呀,哎嗨哟啊——。""同志们要起劲哎嘿,哎嗨哟啊——,慢慢往前走呀,哎嗨哟啊——。"使用电夯后,不需众人协作,不再喊号。

打夯劳动号子

用2/4拍,领唱结尾是强拍或弱拍,则众人接唱不同

| 大 家 | 使 齐了 | 劲 啊 | hāi hēi | yōu wa | ○ × |

| 还 得 | 往 东 | 抬 呀 | hāi hēi | yōu wa | ○ × |

| ○ 还 | 得 往 | 东 抬 | 呀 hái | hēi yōu | wa ○ | × ○ |

○为何止符 ×为砸地声

打夯劳动号子(宋文奎制作)

打招呼俗语多为"您吃了吗?""您干嘛去啦?""您出去啦?"没有多少讲究。

人　物

李小川　清末民国时期名医。曾在北京施医院(北京协和医院前身)从医,并于十九世纪末主持医院工作。1900年,医院毁于庚子民变,不久重建了伦敦会在北京的诊所。1901年,协助科龄重建北京施医院。1931年在韩指挥营被绑架,事后返京,再未回乡。余事不详。(参《杂录上》)故宅旧在中街路南,已无踪迹。

葛士富　1904年生,1938年入伍,参加抗日先锋队。1949年6月复员回乡,1953年7月任韩指挥营乡乡长。1958年9月任城关红旗人民公社敬老院院长。1965年退休,1973年病逝。大王古庄公社在韩营大队为其召开追悼会,各村派代表参加。

黄恩元　1912年生,年轻时在北京协和医院工作,后任武清县卫生协会副主任,1950年始任城关中学校医,1962年因生活贫困,辞职回乡行医。1995年去世。

庞树先　历任河北省廊坊市安次区万庄乡党委书记、安次区农业局副局长。已去世。

荣培清　曾任武清区棉麻公司经理,已去世。

荣会清　曾任武清县农业局副局长,已去世。

荣进清　历任武清区徐官屯乡乡长、双树乡党委书记、上马台镇党委书记、武清区农业局副局长。

李亚春　1934年5月生,1945年在韩指挥营学校读小学,1951年毕业后就读于廊坊市安次县师范学校(初级师范学校),1954年毕业,被分配到宁河县负责教学工作，1973年调回武清县大王古庄乡，在丁辛庄、聂营等学校任过教，1983年到乡文教组工作，任主任，负责教学工作。1995年退休，在家务农。

葛敏文 葛士富之女，嫁韩指挥营林凤刚。婚后夫妇积极劳动，勤俭持家，家庭和睦。1964年婆婆得了半身不遂，生活不能自理，不能下炕。喂吃喂喝，穿脱衣服，端屎端尿，不嫌脏不怕累，多年如一日，任劳任怨。通过言传身教，全家共同照料老太太，受到乡邻好评。1980年，全国妇联授予"五好家庭"荣誉，室内、室外挂牌表彰。村妇女主任徐淑云、公社妇联主任韩知慧带她参加多场事迹报告会。婆婆1982年去世，在炕上度过18年。

黄世鑫 1946年生于韩指挥营，初中学历，1965年至1970年入伍，1972年任职于大王古庄乡文教组，1974年在天津师范学院进修，之后在丁辛庄小学主管教学工作，1977年到大王古庄乡中学，1980年调大王古庄中心小学任教导主任。1983年到1996年任大王古庄中心小学校长，1996年任韩指挥营小学校长，2004年退休。

徐顺亭 1948年9月生于韩指挥营，1968年毕业于城关中学，1969年2月参军，1973年3月退伍回乡，任韩指挥营民办小学教师。1975年5月到大王古庄公社工作，历任民政助理、党委办公室秘书、党委办公室主任、政府办公室主任等职，2001年12月退休。居乡。

黄世先 1948年生，1968年至1976年在乡务农，任大队会计、村支部书记。1977年调任大沙河公社副书记，同年考入天津师范大学政教系，后改物理系。毕业后任武清城关中学校长、武清职业中专校长。

葛云明 历任武清区政府办科长、黄花店镇镇长、武清区档案局局长。

宋文奎 1948年生，1968年至1978年在乡务农，任技术员、会计等，1978年考入南开大学生物系遗传专业本科，毕业后任武清县农业局科技中心干部，高级农艺师。参与的"旱地春玉米高产栽培技术研究"1992年获天津市政府科技成果三等奖。参加《武清县志》编写。已退休,居乡。

唐秀林 1950年9月生,1971年高中毕业后到城关供销社上班,从事摄影工作,2004年退休。1971年底开始习武,先练通背拳,1979年开始兼练李氏太极拳,师承张万生,为李氏太极拳第四代传人。二十世纪八十年代开始多次参加廊坊市武术比赛。招收弟子五十余人,入门弟子二十余人。

杂录上

村 名

韩指挥营村名,一般认为出自明初韩姓武职官员带兵屯垦于此,形成聚落,因以其职衔命名。《武清历史沿革》记为:

> 韩指挥营,明永乐初,由军屯立村。明朝时,在各地负责监督军屯耕作的管屯官,自下而上分别是小旗、总旗、百户、千户、屯指挥以及管屯都指挥。根据明朝的军队建制,卫的指挥机关叫"指挥使司",设指挥使1人,正三品指挥同知2人,从三品指挥金事4人。卫下辖千户所,千户所下辖百户所,百户所下辖总旗,总旗下辖小旗,小旗有10名士兵,为最基本的作战(屯田)单位。而明代设武清卫,是在永乐四年(1406年),在设卫之后才有可能有"指挥"这一级军衔的军官驻此。所以,此处成村应是在永乐四年以后。因驻此地的"指挥使"为韩姓,因此称韩指挥营。

二十世纪八十年代,武清县地名普查后,村庄各立村名碑,韩指挥营树立于村东桥头南侧,上载明初立村。后来修路,村名碑被推倒,不知所踪。又,民间相传,韩姓指挥官在燕王扫北时代,指挥过七十二连营。又有一说韩姓指挥官名延徽,即辽开国名臣,著名政治家。《大王古庄镇志》:

据传，早在宋辽时期，本地不但有韩姓，而且还出了个了不起的人物——韩延徽，官至辽代南府宰相。少时，韩延徽只是本地有名的骑马放箭高手。他的骑射本领似乎与生俱来，十几岁上，就能马上放箭百发百中。辽会同年间，辽太宗耶律德光为囚禁犯宫禁的妃嫔，在武清皇后店建"省抑宫"，听说附近有个骑射高手，很想见识见识这个小伙子的技艺，于是在附近的太子务凤凰台举办了一场比武大赛。当时小伙子飞马箭射野雀，博得彩声一片，太宗大喜，将其召入京城，作为教官训练侍卫皇宫的御林军。

后来，以天津为界与辽对峙的宋军开始北进，一路攻城夺地，辽军节节败退，汉沟失守、杨村失守、武清县城失守。面对连连败局，京城里的众大臣急得无计可施。正在一筹莫展之际，辽太宗想到从武清召来的那位教官，于是命他随从一位将领率军迎敌。在与宋军的激战中，韩延徽一展英才，马上勇猛拼杀，左冲右突，如入无人之境。那场战斗，辽军不但夺回了失地，而且将一败涂地的宋军追杀到河北省的涿县境内。大胜归来，辽太宗破格将来自武清的韩姓教官提拔为指挥。指挥为当时的军事编制，起自后唐。《五代会要》载："后唐长兴三年(932)，左右羽林，置四十指挥，每十指挥立为一军。"宋辽沿用其制，以指挥为军事编制单位，每指挥为500人左右。为了防备宋军偷袭，韩指挥将他所辖的500名士兵分别驻扎在附近的几个营垒，于是周边便出现了大营、聂营、东张营、西张营等军营和东马圈、南马坊等牧马或养马场所。韩指挥所在的村庄被称作韩指挥营。

由于治理有方，地方稳定，韩延徽的官职一再提升，他受命赴契丹，被耶律阿保机留为谋士，于是举家搬迁。他建议耶律阿保机发展农业，以稳定民心，并协助阿保机立制度、建城郭，更为之谋划军事，展现出卓越的管理才能，后升任辽代南府宰相。韩延徽死后叶落归根，墓穴被安葬在家乡的土地上。所以直到现在韩指挥营村没有韩姓，只是村边的土地上，有片韩家坟，还略有遗迹。

韩 坟

韩指挥营村西口、南口、东口原有三片韩坟地，为韩姓子孙墓地。有看坟户。韩家祭祖时用整猪，以大车载小米。西南角立有一个牌子，奉军路过此处，军长、师长面向牌子敬礼。墓地在中华人民共和国成立初期尚存，后夷为平地，踪迹皆无。

新旧地主

村民相传，早先地多、雇穷人干活的叫地主。地主有新旧之分。

老地主李洪，人称大李洪，家里很阔，吃喝嫖赌抽大烟，不务生产，把家里财产抡（俗语，谓挥霍）完了。他和白古屯东口沙地的祝大结巴是磕头拜把的兄弟。那时他们都有手枪。后来评定阶级成分，账面地主就没有他了。当是时，李洪一贫如洗，儿子们搬到南马坊，弃之不顾，只得流浪乞讨度日。生产队时，他所在的后街，四个生产队都不要他，后被安排到三队，按五保户对待。住生产队牲口棚，与饲养员宋存志（人称罗锅、锅爷）同住。数日领一次粮食，仍经常外出乞讨，去饭馆吃剩饭。后来年纪大，出不去，小伙子们帮他做饭。去世后，三队砍了一棵杨树，给他做了棺材，将其安葬。

该姓另一支即名医李小川，1931年经历绑架案后，再未返乡。所居李家大院，在中街路南，砖瓦房三合，正房前出廊后出厦，解放后，曾作过乡公所、公社管区驻所及村办幼儿园。后分给入朝参战复员军人陈瑞华。陈氏兄弟多，乃将大院拆除，建为三处。

新地主前后街各有一家，他们雇工干活，后来划定为地主，财产充了公。前街地主为郭玉茹、郭玉奎兄弟，一个的房产当了学校，另一个的土地做了农场场部。后街新地主姓葛，有两座并排的砖瓦三合院，公社化初期搞一大二公，作了库房和办公室。

宋氏女

宋氏第五世宋起的小女儿，少年时参加义和团红灯照，据传，她一做法，窗户纸哗啦响，像有沙子打在窗户上。又有一说，她与人喝酒，只要不说喝好了，酒壶里总能倒出酒来；她说喝好了，再倒，就倒不出来酒了。嫁城关李氏，未生育，年老入敬老院，死后由娘家侄孙葬于韩指挥营南口，头南足北，坐起可看见娘家。

其三姐，即周存生的曾祖母，老年时头上两边先后长出角来，后来又自行脱落了，成为一桩奇事。年纪大的人都见过。按：此即皮角，是一种皮肤病。

葛大胆

五神庙和土地庙那里，原先有个大地主，姓葛，外号官称葛九爷。他有个儿子叫葛大胆，武清县谁来做县长，必须先请他，他就骑马进西门，站岗的见了韩家营的葛大胆来了，有牵马坠镫的，跟唱戏里的一样。武清县没有北门，只有三面门楼子，和乾清门、永定门一样的门楼子。

李小川被绑案

民国年间，地方不靖。1931年7月，李小川居乡时被劫持两阅月，轰动一时。《大公报（天津版）》1931年7月31日记：

北平协和医院著名大夫李小川，现因年老，乃辞职回其武清县韩指挥营家乡中休养。其子三人仍在协和医院中供职。该老医生富有资产，乡里皆知。自其息影蓬庐之后，颇为匪人所注目。前日夜晚十时余，该村内突窜来匪人十余名，枪械精锐。当蜂拥至老医生家中，大肆抢掠，一时枪声大作，秩序紊乱。该匪等抢掠完毕，复将老医生李小川及其十九岁之爱女，一并绑架而去。翌日该匪复在村外树上悬挂书信一封，系致李小川之家人者。上书限七天之内持现款五万六千元，赴廊坊三道桥地方赎票，并以红绒绳为记，倘过七天不赎，即行撕票等语。李某家人大为恐慌，除赴县公署报案外，并派人来平向卫戍司令部呈请派兵援救。又该老医生住宅在该村第七保卫团之隔壁，当匪众来到时，保卫团丁藏匿不敢外出。迨匪众架票逃走后，该保卫团以职责有亏，难以搪塞，乃竟逃散一空。因此该村更为恐慌云。

该报9月24日又记：

> 武清县政府自韩指挥营之李小川医生被匪绑后，即严令团警认真拿匪。但迄未弋获。昨忽捉一巨犯李长林，据供绑李正犯其伙匪现在于家务村窝藏，当即派警兜打。不料匪徒消息异常灵通，警未至而匪已无踪矣。顷李小川竟自匪窟逃回抵家。询其曾在何处窝藏，答记不清。前县长王之栋以匪徒着实可恶，特悬赏格三百元购绑李正犯，报信因而捕获者亦赏洋一百元云。（二十一日）

> 按：一说李小川被绑后，由庞永发于夜间携赎金，将李氏赎回。

刑 案

二十世纪最后二十年间，社会治安形势严峻，韩指挥营发生多起杀人、强奸等恶性案件，尤以徐某某杀死多人并致武警牺牲案影响最巨。《武清公安志》记：1985年10月10日夜，村民徐某某因恋爱关系破裂和对村干部不满，用自制手枪和军用刺刀先后在大王古庄乡利尚屯和韩指挥营村行凶，杀死4人，重伤1人。后潜逃。案发后，天津市公安局局长陶毅民、副局长贾三立，武警总队队长王俊杰以及县局领导，带领公安民警、武警赶赴现场，13日，市武警总队下达围歼徐犯的命令，部队抵达大王古庄乡。16日下午4时许，数百名武警和公安民警将徐犯藏身的韩指挥营村西苗圃包围。4时13分，战士王志刚在一片灌木丛中发现了隐藏的嫌犯，嫌犯抢先开枪，王志刚头部中弹。迅速跟进的战士将嫌犯击毙。王志刚因伤势过重，当场牺牲。此案震动全市。

韩指挥营李氏太极调查

李氏太极拳，又称武清派太极拳，统称李派拳法，发源于武清区城关镇，由近代著名武术家李瑞东所创。城关以前是武清的老县城，1950年底迁至杨村。"从南京到北京，功夫属瑞东。"李氏太极拳在京津两地和华北地区广为流传，海外亦有修习者。2009年，李氏太极拳成功申报天津市非物质文化遗产。2014年11月13日，李氏太极拳获批国家级非物质文化遗产,这是武清区首个国家级非遗。

韩指挥营离城关较近,也有修习李氏太极拳的风气。村民唐秀林、徐友恒最早练习李氏太极,两人均师从张万生。张万生(1929—1990),河北廊坊人,是李瑞东之子李季英(1904—1962)的弟子。中华人民共和国成立后至"文化大革命"时期,李氏太极被禁止修习与传授,其主要传承人李季英被隔离改造,到城关东南为生产队看守菜园。时在1959年,适值饥荒。食粮匮乏,只有白薯面窝头,人们每顿只能吃一点,再吃些糟子和棒子骨头(玉米芯),勉强维持。当时,张万生在城关武中(武清城关中学)食堂担任炊事员,没挨饿,晚上偷偷揣上俩窝头,骑上大笨车赶到李季英住处。对李季英来说,窝头是救命草,山珍海味比不得。为答谢张万生,李季英将太极拳毫无保留地传给了他。

张万生师承陈继先、李季英先生,继承二师多重妙技。后在"文革"前后传授给张绍堂(1952年生,张万生之子)、唐秀林、徐有恒等人。

徐有恒原本喜欢运动,练习武术,后来拜入张万生门下,为唐秀林之师兄。

唐秀林1971年入城关供销社工作,拜单位任姓师傅为老师,练习通背拳。1979年,通过任老师推荐,认识了张万生先生,练习太极,坚持至今。唐秀林从事的是照相行业,屋子比寻常房间宽敞,光源充足,俨然大型演武厅。一到晚上,他打开灯就开始练武。一些练八卦、太极、少林的老师傅也会到照相馆去练习。

唐秀林后来在村里免费教授学生。开始时学生较多,1993年时有五六十人,本村外村的都有。他们大多十四五岁,以男孩居多。由于前来练习者络绎不绝,形成声势,对村民不无滋扰,且有打架斗殴者,后来就不再招收。先前招的学生,因为各种原因,有些练了半年就不坚持了。坚持下来的,在村里有一二十个。因为各有工作,集体活动较少。有活动就在村东北学校门口。

现今李派拜师依旧保留了先入学后拜师的传统。入学是为学生,学生受师父指导但不为师父弟子,师父管教相对宽松。期间,学生考察师父,判断是否有真才实学;师父考查学生,其人品是否值得信赖,悟性是否合格。互相考察三五载,双方满意的情况下,徒弟向师父致拜帖,正式拜师,自此入师父门下,成为师父的弟子。弟子与学生对其师的称呼有很大区别:学生称呼老师,弟子称呼师父。弟子恪守一日为师终身为父的观念,对师父有赡养义务,对掌门、师父、师兄要给予尊重与敬重,并注重相关礼节;师父也会更加严厉地对待弟子,可以如对待子女一般管教。徒弟再教徒弟,叫另立堂口,需要得到师父的认可。这种传统师徒关系,在李氏太极中依然有所保留。

行收徒仪式多在10月1日、5月1日举行,其他黄道吉日亦可。师父把老师、长辈及师兄弟、掌门请来,作为见证,本门的徒弟也悉数到场。首先由师父上香,给祖师爷磕头,师兄弟、本门弟子依次上香磕头,然后拜师者上香磕头,师父的师父上香磕头。拜堂中间悬挂祖师爷画像,师父端坐两侧,拜师者先给祖师爷磕头,再给师父磕头,然后把拜帖举过头顶,由同门接过呈给师父。师父打开拜帖看完,拜师者再向师兄依次行礼,之后大家共同向师父跪拜磕头。拜师者这才算正式入门。这一程序需要半天时间。

拜帖,是用红纸书写姓名、年龄,自己对于李氏太极的热爱,甘心情愿拜谁为师,进师门以后,如何把李氏太极发扬光大,一辈子永不背叛师门,等等。是为呈证。呈证放在红色信封中。拜帖是一种呈证誓词,递了拜帖以后,徒弟就有权利继承并发扬师父的事业。拜帖或一人一份,或数人共为一份,不拘一格。

唐师傅门徒众多,大部分是廊坊的。徒弟也已收徒,韩指挥营谢凤宁已收徒四人。至是,李氏太极已传至第七代。唐师傅的儿子,也跟着掌门师父练。

李氏太极拳有自己的门规师训,此为祖师爷李瑞东时所立,明文亲定,门人要坚定不移地遵照执行。门规强调武德,习武先做人,强壮身体是为国效力。李氏太极拳在执行门规时,注重防微杜渐,通过预防,有效避免严重违规事件的发生,既能保持本门的武德清洁,亦能避免给

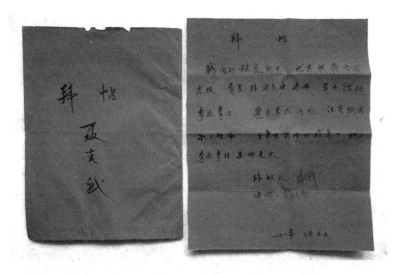

拜 帖

武林增加混沌。如弟子有违门规,先给警告,然后严厉批评,必要时请出门规,犯严重错误则是不允许的。截至目前,尚无因严重违规被逐出师门的。逐出师门也有仪式,要请掌门到场。

李氏太极的传授方式,更多集中在师父对于武术的理解,因此,即使一家所传,修习者亦各有细微特点。唐秀林在传授弟子的过程中,根据自己学拳时的经验,先教弟子练习通背拳,尔后是太极。他认为,三十岁之前应当先学习通背拳等外家拳法,三十岁之后方可学习太极。三十岁以后比较成熟了,方方面面学识渊博,性格比较沉稳。太极拳练得相当慢,一般年轻人撑不住。年轻人一般练通背拳、少林拳,他们对节奏快、带动静的拳术感兴趣。太极拳节奏慢,年轻人不太接受。

具体而言,李氏太极一套拳有四节。所谓四节,以其原理分别对应春夏秋冬,此四节都离不开"蓬、捋、挤、摁、抬、捌、肘、靠"八个字。只要是太极拳,就离不开这八法。第一节一般一个月能拿下来。但要想做到位,可能要半年到一年时间。太极拳是深拳,跟别的拳都不一样。这个拳比较深奥。有内涵的,所以说需要时间。过去有"十年太极不出门"之说。教徒弟应该是三年一小成,五年一大成。而且练太极不是为了观赏。慢得无法再慢,放松得无法再放松,是为练拳。太极拳是越软越好。太极拳在修身养性,内力需要时间。所以,教一套拳术一般需要几个月时间。

对年轻人缺乏吸引力,这是李氏太极发展过程中遇到的主要问题之一。

(本文据《阴阳为道 太极互化——天津武清李氏太极的传承和发展》主题报告删改、增补而成。受访者:唐秀林,李氏太极拳第四代掌门人张绍堂,徐有恒,廊坊市李氏太极拳研究会名誉会长张振发,唐秀林徒弟胡兵、曹文营、谢凤宁、赵海龙等人)

唐秀林(左)与徒弟王雨扬(右)切磋拳艺

杂录下

帮扶纪事

2017年8月,天津市启动新一轮结对帮扶困难村工作,根据天津市委部署,确定南开大学定点帮扶韩指挥营村。

9月,南开大学选派许宏山、刘树国、郭隆等三名干部组成帮扶组驻村开展帮扶。许宏山任组长兼任韩指挥营村第一书记。2018年10月,许宏山被选调甘肃省平凉市庄浪县挂职副县长,刘树国接任组长,田其然开始驻村。

许宏山,1969年3月生,山西阳泉人。1990年毕业于南开大学化学系,学士学位。驻村时任南开大学实验室设备处副处长,现任天津南开大学资产经营有限责任公司总经理。

刘树国,1970年5月生,天津蓟州区人。1994年毕业于中国青年政治学院,学士学位。迎水道校区直属党支部副书记兼管委会副主任。

田其然,1981年10月生,山东泰安人。先后毕业于山东大学、汕头大学,硕士学位。后勤保障部八里台校区物业服务科科长。

郭隆,1990年1月生,山东淄博人。2008年至2015年就读于南开大学,硕士学位。南开大学历史学院研究生教学办公室干部。

帮扶人员工作日驻村,吃住在村里。参加村"两委"班子会议,定期组织召开帮扶组工作会议。

三年多时间里,帮扶组主要开展了以下工作:

加强韩指挥营村组织建设。2017年前一段时期,韩指挥营村内组织建设十分薄弱,"两委"班子不健全且存在工作涣散、组织混乱现象,领导干部接连受到党纪、法纪处分。帮扶组驻村后,从抓支部建设、抓党员建设入手,加基层党组织建设。规范党支部会议制度、学习制度,规范党员学习制度,调动全体党员的积极性,树立党员意识。基层党组织建设逐步走向正轨。帮扶组还积极推动村委议事、决策机制建设,健全各项议事、决策制度,实现了从议事、决策拍脑门到班子集体议事、会议决定的转变。2018年9月,帮助村"两委"班子顺利换届。马焕铭当选为新一届支部书记,兼任村委会主任。

助力韩指挥营产业发展。结合村庄实际情况,与大王古庄镇党委、政府积极沟通,配合大王古庄镇建成"一镇一业"暨天津京滨农业产业园项目,增加村集体经营性收入,带动农民增收。

会同韩指挥营"两委"班子,积极推进基础设施建设。村庄整体达到"六化六有"建设标准。先后参与村内"煤改气"、污水管线铺设、污水处理站建设、主路硬化与里巷路面包砖铺设、自来水改造、旱厕改水厕、村庄道路命名及路牌安装、新村委会与文化礼堂建设等基础建设工作。

与南开大学多部门合作,开展智力帮扶。先后同经济学院、历史学院、外国语学院在内的多个校内部门开展支部共建活动,为村民讲党课,普及党的基本理论知识。联系历史学院为韩指挥营编写志书。建设南开书屋,打造韩指挥营村文化建设新坐标。协助村"两委"班子使用电脑办公,提高行政效率和办事效率。

精准帮扶困难群体。为每一名特困群众建档立卡,对因病致贫、因残致贫的特困群体实行兜底帮扶。积极参加"万名党员联万户"活动,多次走访村内困难群体,为他们排忧解难。还与南开大学多个党支部积极联系,与村内困难群体结成一对一帮扶,给予温暖关怀。通过筛查村内低收入群体,发现刘仕华老人符合特困供养资格。帮扶组积极上报大王古庄镇民政部门,将其及时纳入村特困供养群体。为老人建档立卡,实施精准帮扶。

主动投身抗疫一线,全力以赴抗击疫情。2020年初,新型冠状病毒疫情发生后,主动投身抗疫一线,承担村卡口执勤任务。积极联系南开大学采购防疫物资,包括口罩1000个,手套500双,酒精50瓶,防护服50套,免洗洗手液50瓶,用于村庄防疫工作。

南开大学对帮扶工作高度重视,2019年8月19日,校党委书记杨庆山(左一)在韩指挥营调研慰问,副校长李靖(左三)陪同。2020年1月16日,副校长李靖再次赴韩指挥营调研慰问

2018年5月17日,南开大学历史学院行政教师党支部在学院党委书记赵桂敏(左二)、副院长王昊(左一)带领下到韩指挥营进行主题党日活动,并达成支部共建协议

　　协助村"两委"班子处理村级日常事务。包括为村庄困难群体建档立卡,统计村庄"煤改气"户信息、厕所改造人员信息、村民社保信息、村民粮补信息、做好村人口普查准备工作,等等。

　　帮扶工作于2021年结束。

　　2017年11月12日,南开大学团委组织十九大精神学生宣讲团,向数十名党员群众宣讲党的十九大精神

　　2019年6月12日,帮扶组成员刘树国(中)、郭隆(右)、田其然(左)在旧村委大院合影

附媒体报道《南开大学驻村帮扶组：驻村帮扶洒真情》

走进大王古庄镇韩指挥营村,映入眼帘的是干净整洁的主干道和三三两两话家常的村民,整个村子洋溢着安静祥和的气息。谈起村庄的变化,村民们纷纷表示这离不开南开大学驻村帮扶组的帮助。

2017年8月,南开大学接到驻村帮扶任务来到了韩指挥营村。帮扶组的组长刘树国告诉记者,他们之前没有进行过帮扶工作,经验少,所以在帮扶工作之前,为了更好地、更有针对性地设计帮扶方案,他们对韩指挥营村做了详细的调查研究。"经我们调查,韩指挥营村共有585户,1798口人,党员47人,村内绝大部分耕地被征收,现存耕地100亩。现阶段村'两委'班子共有5人,地理位置也很优越,紧邻京滨工业园,但当前村庄发展存在集体经济十分薄弱、基础设施建设相对滞后的突出问题,我们针对这两点立即制定了帮扶方案,先解决村民的出行问题。"刘树国介绍道。帮扶组协助村委对村内主干路、主路和里巷路长度进行了详细的统计,并于2018年6月开启主干路面硬化工作,同年7月全部完工。之后又开启主路硬化工作,现工程进度接近半数,主干路两侧人行道面包砖铺设工作也已完工,主路两侧面包砖铺设工作将于近期开启。村民告诉记者:"之前村子道路状况极差,村子里没有一条完整硬化的路面。坑坑洼洼的,很不好走。赶上大雨时,好多地方满是泥泞,很不方便。现在好了,这路又宽又平整,村民们心情也舒畅了。"

在解决村民出行问题的同时,帮扶组还注重加强基层党组织建设。他们严格落实"三会一课"制度,定期召开支部党员大会、支部委员会、党小组会;按时上好党课,做好会前准备,认真开好会议,形成会议决议,抓好工作落实。此外,他们还组织丰富多彩的活动,会同村"两委"班子观看党的十九大开幕式,积极学习党的十九大精神;请南开大学学生宣讲团走进韩指挥营村宣讲党的十九大精神,为全村党员上了一堂特殊的党课,受到村庄党员群众的好评。

要富村民的口袋,更要富村民的脑袋。为此,帮扶组秉承"高校帮扶,智力先行"的理念,积极与学校党委组织部、学校帮扶办联系,建设南开书屋。南开书屋位于韩指挥营村村委会西侧,紧邻村民活动室,屋内设置三个书架和两个期刊柜,墙上悬挂入党誓词和南开校训,共有图书2000余册,种类涵盖党建、农业养殖、亲子教育、休闲娱乐、历史教育等多个方面,方便村民阅读。此外,为了加强村庄文化建设,传承村庄历史,帮扶组还积极与历史学院联系,筹备村志编写工作。刘树国解释说:"2018年7月,我们邀请历史学院村志编写小组到村委会洽谈。后期,村志编写小组将到韩指挥营村多次实地调研,预计2020年完成村志编写任务,力争为韩指挥营村留下宝贵的历史印记。"

帮扶组知道,要想了解村民的真实情况,了解他们所想所需必须深入田间地头,走到他们身边。在调研走访的过程中,他们发现韩指挥营村现有8户低保户、6户五保户,并详细地记录下这些困难群体的致贫原因和困难需求。之后,他们与校内单位联系,"一对一"帮扶村内困难群体。为落实精准扶贫,他们为低收入困难群体建档立卡,逢年过节慰问低保户、五保户困难群体,帮助他们解决生活困难。对熟悉互联网操作的困难户,帮扶组主动引导他们开展互联网创收,鼓励他们用自己的勤劳和智慧,增加收入,摆脱贫穷。

帮扶工作任重而道远,南开大学驻村帮扶组将牢记党和政府的嘱托,会同村"两委"不断努力,不负村民的期望,推动帮扶工作取得新进展,带领村民过上好日子。(2019年4月5日)

附《韩指挥营村美丽休闲乡村规划方案》

韩指挥营村位于天津市武清区西北部,东南临近玫瑰庄园,西北紧靠京滨工业园。村庄辖621户,1760人,规模较大。韩指挥营村坚持政府引导、村民参与、因地制宜、突出特色,以"一河一路,七彩组团"为设计理念,配合村庄人文环境建设,打造中国美丽休闲乡村,真正让每一个村民融入其中,怡然生活。

一、一河建设

"一河"指四干渠,位于村庄东侧,沿村边流淌,是入村的第一观感。

河流沿岸景观建设对突出村庄整体风貌有重要作用。

1.实地考察沿河路两侧道路面积和宽窄度,在面积较大的民居门前和沿河一侧错落种植低矮植被群,增添沿河路特色。

2.沿河路从南到北所有民居都按照徽派建筑风格改造,一直延续到小木屋处,连接成沿河路徽派建筑群。

3.为映衬灰色徽派建筑群,夜晚灯光采用白色、米色和蓝色灯光交相变化。桥两侧具体设计灯光字样,桥南侧显示"中国美丽休闲乡村"字样,桥北侧显示"韩指挥营村"字样。限定灯光开设时间,方便村民休息。桥两侧河中设计小型喷泉,浮于水面之上,夜晚配合灯光字样,凸显村庄休闲风情。

4.沿河路北侧根据道路宽度具体施划停车位,喷漆划线,分组排列,留出错车距离,道路较窄处不规划停车位。

5.沿河商户统一广告牌匾风格,搭配徽派建筑特色,营造整齐划一的商户风格。

6.做好沿河路的卫生清洁工作,保证入村第一观感清新舒服。

二、一路建设

"一路"指入村必经主干道路,东西贯穿整个村庄。俗话说,要想富,先修路。道路对于村庄发展、农民增收,生活富足至关重要。

1.积极推行主路雨污分离、明沟暗管相结合的方式。雨水排放选用直排式布置,村民污水采用专业污水处理系统净化处理。

2.主干路面要重新硬化,对主干路两侧违规占道经营情况要予以坚决清理,拆除私搭乱盖建筑。主干路从东到西划分四段不同风格,以春、夏、秋、冬为主题。

3.两侧人行道铺设面包砖,人行道按村头、村中、村尾分为三段,每一段起始处设计面包砖造型,或加入花纹图案,或加入几何图形。其余地方平铺。

4.徽派建筑群要继续辐射到主干路民居处,并加入镂空花窗、挑檐等徽派特色部件。

5. 主干路两侧绘制"文化走廊",提升村内文化氛围。

利用村内墙面,绘制村志、讲述村庄发展历史。加入民俗宣传画,方便更多的年轻村民了解学习。

三、七彩组团

为凸显美丽休闲村庄特色,方便村民休闲娱乐,打造中国美丽休闲乡村。韩指挥营村创新打造"七彩组团",形成别具一格的村庄风貌。

1. 红色——村委会办公地点改造

村委会位于村庄主干路中央,增加现村委会旁房屋,改造办公地点。这将改变村委会办公面积拥挤局面,合理分配办公事项布局,提高村委会办事效率。

2. 橙色——文化书屋、生活健身广场

让每一位村民享受健康活力生活,村内积极筹划创建南开书屋和生活健身广场。南开书屋由南开大学党费筹建,图书内容涵盖农业、亲子、小说、科技等多个方面。南开书屋后期将增设电子阅览设备,便于村民查阅电子文档。健身广场内设置各种健身器材,为村民打造文体娱乐休闲场所。

3. 黄色——小木屋

位于村北侧的小木屋采用欧式设计风格,集餐饮、住宿于一体,可与村内农家乐、雍合府邸一道,服务不同层级的消费人群。

4. 绿色——治污

与镇村"两委"班子一起,联合大禹节水集团做村庄污水处理工作,铺设污水处理管道,村东北口建设污水处理站。

5. 青色——雍合府邸

位于村西南角,紧邻玫瑰庄园,是徽派建筑的住宿餐饮酒店,引入企业资本,采用现代化管理方式,映衬村庄徽派气息,与接地气的农家乐、高端休闲的小木屋一起打造旅游经济,同时也为村民茶余饭后的休闲玩乐提供了场所。

6.蓝色——村内市场

市场位于村东南侧。将主干路上移动商贩转入新建村市场内,集中管理,方便村民集中选购农副产品,逐步发展为集旅游购物、特色农产品销售于一体的综合贸易市场。该市场对缓解主干路交通拥堵、治理违规占道也会起到明显作用。

7.紫色——玫瑰庄园北侧农家院

韩指挥营村东南紧邻玫瑰庄园,为村民提供了极佳的休闲场所,同时也为村民提供增收途径,村民可开展多种多样的农家乐形式,例如"吃农家饭、品农家菜、住农家屋、享农家乐、购农家物",选取河边路特色徽派民居做农家乐试点,逐步扩大农家乐民居范围,让广大村民享受农家乐带来的收益,提高自身生活质量。

四、人文环境建设

1.美丽休闲乡村更要突出法治意识和环保意识建设。村内开展法治宣传专题讲座,增强村民法治意识。开展环保专题讲座,增强村民环保意识,真正让村民意识到环保无小事,村容村貌要靠大家共同维持。

2.突出外来人口接待层次。韩指挥营村紧邻玫瑰庄园和京滨工业园,旅游人群和外来务工人群较为丰富。以雍合府邸和小木屋为高档旅游休闲区;以徽派民居为主的农家乐为中档休闲娱乐区;高中档休闲区主要服务于玫瑰庄园的旅游消费人群。以村内房屋租赁为主的基本生活区,全部统一风格,主要服务于京滨工业园的外来务工人员。积极发展村内房屋租赁市场,规范房屋租赁流程,做好村庄外来人员登记管理。

3.加强民族文化传承,突出民俗特色。村庄成立民俗文艺演出队伍,定期为村民奉献精彩的文艺汇演,丰富村民业余生活。

修志纪事

2018年5月17日,南开大学历史学院行政教师党支部在学院党委书记赵桂敏,支部书记、副院长王昊带领下到韩指挥营进行主题党日活动,与村"两委"班子达成初步意向,由历史学院为韩指挥营撰写村志。

历史学院安排王昊副院长担任项目统筹,张传勇副教授主持编撰,历史学院驻韩指挥营帮扶组成员郭隆为联络人。

7月18日,由副院长王昊带队,郭明、张传勇、党超一行四人到韩指挥营村,与驻村帮扶组、村"两委"班子、村内老人代表座谈,了解村庄历史与文化,商讨韩指挥营村志编写事宜。

9月,通过自由报名与面试,组建由历史学院2017级本科生组成的采访小组,成员为:顾斯卿、赖彦存、刘紫奕、张晰森、周正夫。分工情况为:顾斯卿与赖彦存负责风俗部分;刘紫奕负责地理、沿革部分;张晰森负责文教卫生部分;周正夫负责党政与人物部分。翌年10月,周正夫参军。增补2018级本科生戴雨璇为小组成员,负责历史文献资料的整理。

工作模式为:由张传勇拟定采访大纲,成员分头采访、整理。尔后,由张传勇统编撰写。期间,多次召开见面会,探讨采录方法、资料整理及编写事宜。

自2018年10月至2020年10月,采访小组成员先后多次深入韩指挥营调研。具体为:

2018年10月21日,采访小组初次到韩指挥营了解情况。

2019年1月18日至23日,时值寒假,小组成员赴韩指挥营采访。由村委成员宋培荣、南开大学驻村帮扶组成员负责联系、安排采访对象。食宿皆在村里。

6月12日,张传勇赴韩指挥营调研、拍照。

7月16日、8月20日至21日、9月2日、9月22日,小组成员分头赴韩指挥营等地采访。

期间,戴雨璇几次到天津图书馆、天津市方志馆、国家图书馆等地查阅资料。

2020年上半年,集中时间编写志书,基本成型。受新冠肺炎疫情影响,编写组无法赴韩指挥营作进一步调查,编写工作陷入困顿。期间,驻村帮扶组成员郭隆按照编写组拟定的采写提纲,提供了部分文字资料与图片。

9月28日,在南开大学历史学院的安排下,顾斯卿、赖彦存、戴雨璇赴韩指挥营,进行有针对性的访问。

11月初,初稿完成。提交历史学院党委、学院行政相关人员,南开大学驻韩指挥营帮扶组成员,韩指挥营村"两委"成员及部分村民审查。宋文奎、宋文杰、唐秀林等人给出诸多修改意见,宋文奎补充了家族、风俗、农业等方面的大量资料。

12月,书稿呈送历史学院党委,项目完成。

本项目得到历史学院经费支持。2019年4月初,该项目成功申请南开大学"国家级大学生创新创业训练计划"项目,负责人为顾斯卿。

项目成果有三项:《韩指挥营志略》《韩指挥营志书资料汇编》及《阴阳为道 太极互化——天津武清李氏太极的传承和发展》。后者系对武清李氏太极拳主要传人的有关访谈,成员在2019年10月参加了第九届全国大学生口述史大赛。

村志编写小组部分成员

左起:赖彦存、顾斯卿、刘紫奕、张晰森、戴雨璇

征引书目

马悦龄总纂：《武清县志》，天津社会科学院出版社，1991年

新民会中央总会编：《河北省武清县事情》，1940年铅印本

马国强著：《武清历史沿革》，天津人民出版社，2015年

中共武清县党史大事记编辑委员会编：《中共武清县党史大事记：1949—1998》，天津市武清县教育印刷厂印刷，1999年

武清县人民政府编：《天津市武清县地名录》，内部资料，1986年

武清县地名志编纂委员会：《天津市地名志·武清县》，天津人民出版社，1995年

武清县志办公室编印：《武清县专业志、大事纪集成》，1987年

武清县水利志编纂委员会：《武清县水利志》，天津科学技术出版社，1998年

天津市公安局武清分局编著：《武清公安志》，2010年

冯品清著：《武清村落发展史》，百花文艺出版社，2008年

武清县交通局公路交通史编委会：《武清公路交通史》，天津市国营武清印刷厂印刷，年份不详

张洪生著：《武清地名趣谈》，中国文联出版社，2013年

大王古庄乡人民政府编：《武清县大王古庄乡简志》，收录于武清县志编辑室：《天津县乡镇简志集成》，油印本，1991年

韩志军主编：《大王古庄镇志》，方志出版社，2017年

采访后记

村志采访小组（顾斯卿执笔）

在近代以来的中国，农村与城市可谓贯穿其中又不可忽视的一对线索。其中，乡村人口可占到整个中国人口的 36.11%（2020 年第七次全国人口普查数据），而时至今日，农村问题仍是国家基层治理与建设的一大难题。历史学系出身的我们，对此也抱着世俗的关怀与学术的热情。与韩指挥营村打交道，是我们实践探索的开始。

2019 年 1 月，我们五人第一次来到位于京津冀交界处的韩指挥营村（以下简称"韩营村"）。1 月的天津，极为寒冷，我们五人住一间房，没有暖气，晚上开着空调，但由于气候干燥，第二天就嘴唇干裂，甚至流鼻血，这对于来自南方的同学是难以适应的。但困难并非只来自环境，访谈过程中的一些方言、口音，访谈的方式和技巧以及更多不可抗的因素，我们在经历也在克服。

接触韩营村近两年，我们逐渐熟悉、理解这片土地上的历史与文化，以及与之紧密相连的个体。我们可以看到村委成员对韩营村建设的热情；可以看到驻村帮扶组老师们的默默付出；可以看到村民间在矛盾中的和解，在大事中的互帮互助。我们可以看到太多，这是常年居住城市的人所不能理解甚至看到的事物。

韩营村也在发展。在我们来之前，村里还没有一条像样的平路，现在，村里的道路通向四面八方，还有了名字。文化礼堂、新的村委会办公点、文化广场等都已建成，村边开起了小饭店，周边也有工厂招商引资，韩营村正逐渐摆脱贫困，走向富强。

编撰村志是乡村文化振兴的重要举措,村志的编撰耗时耗力,离不开每一位参与者的付出。在此,我们对韩指挥营村村委会、帮扶组老师、受访的村民以及学院和指导老师的支持与帮助报以诚挚的感谢,特别是宋培荣大姐、郭隆老师、张传勇老师对我们无微不至的指导与关心,使我们更好地了解了韩营村,更好地提升了自身的能力与学术修养。

韩指挥营村的经历,是我们本科时代最难忘的一段时光。

韩/指/挥/营/志/略·
资/料/类/编

编辑说明

为编纂《韩指挥营志》，编写组前后积累了数十万字的文字资料及大量图片。志书修成后，项目统筹王昊副院长建议将志料衷辑成册，一示珍视，又可借以保存资料。遂有是编。

本编分为三个部分。

第一部分是几年间编写组采访韩指挥营故老之部分稿件。依照王昊副院长的建议，每次采访基本独立成篇，按时间先后排列。每篇均标注时间、地点、采访人及受访者。

整理原则是：(1)忠实记录，尽可能保留受访者的口语及表达习惯。为避免由此带来的阅读困难，对一些句式作了适当调整，并对个别不易理解的民俗固定表达作了注释说明。(2)对与主题无关或重复的部分内容作了删减。谈话顺序也略有调整，以增强连贯性，并使主题更为集中。

编写组同期完成的"武清李氏太极调查"访谈稿，七万余字，内容多与韩指挥营无关，即使韩指挥营修习者所谈，也多为私人修习心得与李氏太极义理阐发。本稿所收，仅是与韩指挥营李氏太极发展状况相关的少部分内容。

第二部分主要是编写组征集的部分文字资料，除"韩指挥营历任班子成员名单"由郭隆整理外，其余均为韩指挥营乡贤宋文奎老先生提供。

第三部分是南开大学帮扶韩指挥营工作的部分图片合辑，以时间为序,配以适量文字说明,定名"南开大学帮扶韩指挥营工作图录"。图片主要由帮扶组成员拍摄并提供,另有部分来自网络。

为避免重复,本书第一部分《韩指挥营志略》已集中使用的文字及图片资料,本编在保证内容基本完整的情况下,尽量不再收录。

访谈记录

时　　间：2019年1月19日、22日

采访人：赖彦存、张晰森、刘紫奕

受访者：宋文奎（72岁，退休干部）

地　　点：韩指挥营宋文奎家中

采访人：韩指挥营村名怎么来的？

受访者：咱这地方，北边是游牧民族，南边是农耕民族，它处于这个中间地带，老是打仗，一代一代的。尤其是宋辽对峙、宋金对峙，来回在这儿打。哄孩儿的歌"狼来了，虎来了，和尚背着鼓来了"，就是这时候流传的。哄孩子就是说杨五郎、杨四郎他们，睡觉别闹。这时候，南北两大文化之间老在这儿互相冲突什么的。以前该有村子，现在也不知道了。这村子就上追到明初，再以前就不知道了。

明初的时候，城关这儿就是县城，在这儿驻军，有韩姓指挥官在此。人就说有韩姓指挥官在这儿安营扎寨。韩指挥官在这，韩氏世袭当官，有家属，繁衍好些子孙。地点就是在凤河古道东堤。原来村里有三片韩坟地，韩姓子孙的坟地。西口、南口、东口有韩坟。现在村里活着的没有姓韩的了，他们搬走了。

我上班的时候搞了《县志》，还搞过《地名志》，修《地名志》时，判断村子什么时候成立的，就是根据地名组成，认定是有县衙门在这驻军，韩姓指挥在此扎营。地名烙着时代印记。《地名志》出了后，一个村口立一个碑，后来碑推河里找不到了，碑上承认明初建村。城关立的三角碑

上,年数是错的。

采访人:现在还能看到韩坟吗?

受访者:早平没了,解放初期多着呢,现在毫无踪迹。解放初期要考古,在哪都知道。几次平整土地,早平没了。现在那些地方都成园区了。现在村里人去世埋公墓。公墓是树林,墓地也种树。

采访人:除了韩氏,您知道村里几个大姓是怎么个来历?

受访者:家族四大姓,宋荣葛黄。要说这里解放初期最大的两块坟地,一个是徐坟,一个是师坟,这两个辈分比较多,得有二十辈了,他们的后代不是这一个村的。

采访人:您说一下你们宋家的历史吧?

受访者:大约是乾隆时代,大批的人们闯关东,我们宋家的祖先是不是闯半道留在这个地方了,可能就留下没走吧。这个地方是农耕文明和游牧文明冲突的地方,有战争,人口就有消耗,外地就总奔这个地方来,补充呗。后来形容这个地方的形势"北邻燕塞,屡受胡侵",给改成"北邻燕塞,民族和睦"了。南邻齐鲁孔孟之乡,民智早开,民族和睦。过去吓唬孩子,狼来了,虎来了,说的是七郎八虎杨家将,现在不用这个了。

采访人:那家族是不是聚居啊?

受访者:那时候住的都在一块,就是一个姓住一片。那时候不主张分家,三代、四代都在一个院里头。现在推行盖新房,盖新房就得找地方,他就住不了一堆了。现在哪都有了。

采访人:您能谈谈村里经济方面的情况吗?

受访者:咱们这里原先的说法,多枣栗、少农耕,但那个时候武清的范围是很大的,比现在大,多枣栗是必然的。其实这里就是以农耕为主,这村地势高,比城关海拔得多出一米多去,那边都淹了,这边还能耪地呢。跟东边枣林比——枣林没脖,韩营正得。旱也旱不到哪去,淹也淹不到,没有大富的,也没太穷的。

采访人:农业有什么特色?

受访者:沙土地多,白薯花生。

采访人: 生产关系方面,以前村里有地主吗? 大吗?

受访者: 有地主,后街有葛家,这边有李家,那边还有郭家。那时候也算不小。具体多少地数,现在咱们也说不清楚了,反正就是说从生产资料占有上比别人家的多。地主不劳动,他就管你明天干嘛去啊,就这个。地主不用看怎么干,他就雇几个干活的,一个当头的,他有事和当头的说,明儿干嘛干嘛去。当头派那几个人,有喂牲的,有喂猪的,有做饭的,有下地干活的,有赶车的。

现在的澡堂子那儿原来是地主的,对面有几个地主。"文革"时批斗地主富农,受不了有上吊的。白天干活,社员收工之后,他们去挖坑义务劳动,受不了就……

采访人: 那他们有没有和那些穷凶极恶的地主一样苛刻?

李姓村民(插话): 穷凶极恶的,一般是没有的。宋三爷,富农。富农就是看他的地多少,有劳动能力没有,收入比一般人高,定位富农。

受访者: 你雇了人了,就向富农这边靠,雇人你还跟着干,就是富农。你雇了人了,你不跟着干,就是地主。不在地多少,你十亩地,雇两人干,也是地主。你自个儿地没有,开春上别人家干,就是雇农,一点没有,就挣几石棒子(玉米)去了。中农就是自个儿的地自个儿干,基本也不雇人,也不给别人干,基本自足了。

采访人: 土地改革,对地主、富农、中农有什么区别对待吗,咱们村?

受访者: 地主给他留够他几口人的,够他自己住的,富裕的分出去。家具、生产资料都分了。富农也分,中农不分。以前的土地就自由买卖。

采访人: 土改以后的情况呢?

受访者: 土地改革五〇年就完成了,先从互助组开始,插犋,也有自发的,也有组织的。从互助组到初级社,五三年就完成了,各地方都起个名,我们这边叫顺利,村里有几个社,每个社二十户左右。全村刚解放时我感觉有大约二百户。初级社没有覆盖到全部,到五六年全部入高级社,一个村一个高级社。高级社就没名字了。

采访人:农民土地什么时候上交集体?

受访者:五六年高级社,就没自己的农业用地了。五八年人民公社,土地归公。

采访人:农业生产上,咱村这里有什么技术方面的经验?

受访者:比如秋耕,在土地上冻前,把土地翻一下,把地上的叶子等翻下去,日子长了就沤烂了,增加土地肥力。解放后遇到旱情的时候,地里都有土井,能缓解旱情。没有抽水设备,只能靠人力。农业灾害,主要是对付蝗灾,方法就是人工扑打。解放前就是人工扑打,打一口袋蚂蚱奖励多少粮食,这是鼓励政策。

采访人:农民个人都种什么?

受访者:小麦、玉米、高粱、豆类、芝麻、棉花、花生、白薯。

采访人:您院子里种的什么?

受访者:麻山药、花生,还种白菜、豆角、黄瓜。冬天储存点儿白菜。我这院子大,其他人有的院子小,种不了什么了。

采访人:果树有什么?

受访者:有苹果、梨、沙果。八几年有过苹果园,后来开公路铲了,现在是散种。

采访人:我们看到村边只有一条河沟,庄稼地是靠河水灌溉还是要打井?

受访者:从解放就开始打井浇地,第一口井,是土井。饮用水是用砖井。后来地里浇水也用砖井了。然后是压水井、缸管井,然后是机井,机井有木管的,有水泥管的,还有铁管的。还有锅锥井。八几年的时候有了自来水。我小时候七八尺深就出水,现在恨不得二十米深都没水。这村地势高,浇地得要从灌渠用泵往上打水,过一条叫大龙沟的渠,绕南口和西口。现在为了浇地,都埋了浇地管子了。用井灌叫地下水,用沟水灌是地上水。

说起来,真正浇地是改革开放以后,因为打井水平也高了,水泵能力也强了,拉电线就出水。以前用水泵、柴油机鼓捣半天也不上水,力气没少费,没效果,就井边浇几畦麦子。后来真正浇挺远的,是水绷带子,小白龙,家家户户有小白龙。以前水车牲口拉的、手摇轮的,全不行。

采访人:村里农业机械化的情况怎样?

受访者:初级社时候用双轮双铧犁,牲畜拉不动,后来当废铁卖了。后来用七寸步犁,就是直辕犁,能犁到七寸深,原先是曲辕犁。用拖拉机晚点儿,有几台拖拉机放县里,各村出人培训拖拉机手,用的时候给县里约好再去开。那时候除了耕地,压场也用拖拉机。现在直接脱粒了,就没有压场了。

采访人:咱村一直以农业为主吗?

受访者:副业也干,种类也不少,但都是干不长干不好。

采访人:干过哪些副业?

受访者:多了,编筐、织席、做豆腐、做油(香油)。

编筐,小柳编,就是编小筐小篮子,男劳力编大筐,小柳编就是小闺女编。材料有当地产的,也有外来的。县志上有记载,五几年时水灾,政府支援发展生产,外来的条子荆条让农民编筐,我们当地产的叫桲柳。修车,就是修自行车。还有气焊,有翻砂(铸铁),烧窑烧砖(现在没有了),磨光我们也干过,吃饭小勺用布砂轮磨亮。车床也干过。副业不少,时间不长。村里过去也做过酱油,白薯拐子做酱油,就是白薯和秧子连接的地方叫白薯拐子。比较有影响力的没有,别村做强做大成企业,现在咱村什么企业都没有。有过一个面粉厂,个人经营,没几年,早没了。现在都到城关买面。现在完全商品经济,挣钱买着吃,买着穿。买东西去集市,村里小卖部十几个。

采访人:村里人不多,十几个小卖部,竞争有点儿激烈吧?

受访者:有外来人口在村里租房住,京滨工业园的。

采访人:磨豆腐是用石磨吗?

受访者:八几年就不使石磨了,打浆机。香油是石磨。后街刘家还在做,刘家好些家都还做香油呢。

采访人：后街刘家做香油年代长吗？

受访者：是。副业还打花生油，初级社做花生油，后来轧棉花，生产队榨棉籽油。

采访人：村里养殖什么动物比较多？

受访者：过去小时候养猪、养狗、养猫、养鸡，鸡现在就一两户还有。过去我小时候哪家都有三五只老母鸡下蛋，没什么毛病，但后来不行了，不是规模养殖的传染病多，容易死。现在流通多，一村有传染病，一下传好几百里，养不了了，传播快了。

采访人：村里现在还有养猪的吗？

受访者：少了，没有地，没粮食喂了。生产队时候养猪也是为了造肥。

采访人：咱们这里有什么野菜吗？

受访者：除了荠菜，还有马生菜（即马齿苋）、苋菜、曲么菜、苦麻菜、蒲公英、醋溜、燕苗（即小牵牛花）。

采访人：动植物种类有什么变化吗？

受访者：过去大叶杨、小叶杨多，现在小叶杨快没了，政府引进加拿大杨，说是长得快。过去地里有蛇，蜥蜴满地跑，青蛙也到处都是，现在没了，生态环境变了。苍蝇蚊子现在比以前也少了。搞爱国卫生运动，村里也搞，上边也常来人检查，给贴条。

采访人：对比一下，现在生活怎么样？

受访者：村民生活越来越好。过去说"鸡子是银行，白薯干是主粮"，买煤油洋火得拿鸡蛋换去，这是改革之前的情况。

采访人：我们再聊聊生活条件方面，家庭用电什么时候开始普遍的？

受访者：六一年我小学六年级毕业时，学校安的灯，毕业了也没用。我们四年级时，一人带一煤油灯，有灯了我也毕业了。

学校安灯之后，过一两年，家里也安了，以前就是灯泡，15瓦。线细，变压器小，容量少，带不了那么多。家里没有家用电器，就一个灯泡。八几年时我们这过年的灯泡还没蜡亮呢。容量有限，家家弄一调压器,不稳定,调到500伏没用,也是100伏。后来多次整改,杆子加高,好几个变电站,那时京津唐电网,洋灰杆子,七八里地一根铁塔,现在都是纯铁塔。

以前电器只有电灯泡,之后多了,洗衣机、电扇都有了。

采访人:电话什么时候开始有的?

受访者:五八年开始就有电话了。五八年这村有过管委会,管区,那时小喇叭放广播了。六几年、七几年大队是手摇的电话。韩营、枣林、小王古庄仨村一根电线,响一下小王古庄接,响两下枣林接,三下咱这里接。手摇电话取消后,村里有没有电话我就不知道了,我不在村里。后来是程控电话,拨号的,以前是没有号的。王庄公社有一个分机,有电话员,负责给接、挂电话。

采访人:那些电线杆、变电站什么的您清楚吗?

受访者:电线杆一开始是木头的,都是木头杆子,杆子一根不够高,不够就接,杨柳木,把他往上面接。

采访人:洗衣机、电扇啊,这些电器是什么时候普及的呢?

受访者:这个时间,你就按着跟全国时间差不多,上边有卖的,底下就有买的。

采访人:对了,咱们村是不是五八年有一个小喇叭播放广播节目什么的。

受访者:那时候五八年就开始有这个喇叭放节目了。

采访人:喇叭广播后来又怎么样了呢?

受访者:五八年的时候本村没有通电,他那个使的是电池,干电池的。干电池有大块的那个干电池,后来在六几年的时候,小喇叭就使这个耳机的,耳机的知道吗?把耳机的拆了,把那个加上一个纸喇叭,村里弄那个就是小喇叭广播。

采访人:小喇叭完了过后又怎么样了呢?

受访者:后来那是大喇叭了,村里一通电就变成了大喇叭了,现在不还有那个大喇叭吗!

采访人:小喇叭和大喇叭一般播放什么节目?

受访者:以前那时候天气预报、上边开的传达文件、电话会。现在有时候这个村里头的人口普查,让拿着这个户口本,或者村里边来一个卖鱼的、买梨的,嚷这个。

采访人:以前怎么洗澡?

受访者:以前就是烧热水,夏天去水坑里洗,现在都盖了房子没水坑了,用太阳能。

采访人:村里什么时候有澡堂子的?

受访者:过去地主家有浴盆,可以躺着,人造石的。

采访人:村里医疗条件怎么样?

受访者:解放前有医生,黄家、李家。黄家李家都是西医,外村有老中医。解放后就是赤脚医生。赤脚医生中西医结合,一根银针一把草,土方子治病。现在生病去诊所了,该输液输液。

采访人:有没有出现大的医疗方面的情况?

受访者:吃青菜汤有食物中毒,天津来医疗队治疗,具体哪年"大事记"里有。

采访人:历史上有过大疫吗?

答:中华人民共和国成立后没有大疫情。

采访人:有过大的疾病流行吗?

受访者:以前医学不发达,人病几个月死了(不知道什么病)。现在知道什么病。

采访人:动物疾病对人的影响有哪些?

受访者:就是传染病之类的,鼠疫、狂犬病。

采访人:村里教育的情况?

受访者:受教育情况,过去学校少,要到城关上初中。村里我那级有两人上初中,上学人少,受教育人少,学校少,一个县没有几个初中高中。

采访人:早年咱们村有私塾吗?

受访者:我村没有。

采访人:您怎么教育孩子,有没有什么家训?

受访者:好好学习,要奋斗才有出路。

采访人:村里什么时候发展的邮政?

受访者:邮政是合作社代办,之前得到城关去办。报纸是解放后就有了,县志上有。听说"四清"时我们村树了个典型了,只是听说,没看见。

采访人:村里的金融机构比如信用社之类的什么时候有的?

受访者:解放初期办合作社是三种合作社,一是生产合作社,再一个是信用合作社,还有一个供销合作社。

采访人:村里什么时候有照相馆的?

受访者:原先没有,后来才有两个人合办的。

采访人:再请您介绍一下村里的风俗习惯,先说饮食方面吧。

受访者:过去贴棒子饽饽,高粱米饭。

采访人:现在比较经典的食物有哪些?

受访者:京津地区有的这都有,粘烧饼、粘火烧、元宵、炸馃子、炸大饼。

采访人:过年呢?

受访者:过年炖大肉,猪肉、鸡肉、鱼肉。

采访人:咱们口味算清淡吗?

受访者:现在什么都有,外来人口多,东北媳妇吃酸菜,这家也吃,西边媳妇吃辣子,南甜北咸,东辣西酸,咱们算中间的,没什么忌口。

采访人:一家人在一块怎么吃饭?

受访者:过去上炕,现在围着高桌子吃了。有卖折叠桌子了,就下地围着桌子吃了。炕上是小矮桌。

采访人:早点一般吃什么?

受访者:早点馇粥,熥饽饽,这是农家饭。老百姓一般不吃烧饼。行旅之人,赶集好几里地,到城关来几个烧饼。平时天天吃,吃不起。

午饭贴饽饽,一般没馅。玉米面贴到锅边,一面是咯吱。吃不了多少白面。

采访人：我看现在都是自来水了，以前没自来水时，怎么喝水？

受访者：原来有四五个砖井，早没了。井水质量还好。入社后打的砖井，没砖井之前是挖土井出水。后来砖井、木管机井、缸管机井、铁管机井，改革开放之前，地里的井都……后来都废了。那些年治水、打井，冬天没事就打井，生产队打井，石油队打井，这油是国家的。从五几年，秋后来崩石油，三千多米深，那时候全国来说，大庆一天一口井一千米，王铁人。这儿三千米，这岩层厚，地壳厚，地震时这村没什么损失。

采访人：服饰方面呢？

受访者：刘家，刘世龙爷爷是这村第一个裁缝，有缝纫机。原来都自己做，棉花引进后，主要是棉的，也有麻的，丝的就是富裕人家了。

采访人：村里有老房子吗？

受访者：没有，都是解放后修的。

采访人：每家院子盖的都差不多啊，您给具体讲讲！

受访者：过去老百姓就是三间房五间房，地主是三合四合（画图，见《韩指挥营志略》"居住"条）。三合是一个正房，两个厢房，这是门；四合这是五间，这是三间，这又加两间，这边也加两间，我们管它叫露顶，然后再加一个五间的倒座，这就四合。

普通人就三间房，这前面大炕，从这进来，堂屋，垒俩锅台，两边打炕。

现在有炕有铺，老年人愿意睡炕，年轻人愿意睡铺。炕有火，老人睡铺也得用电褥子。

采访人：您能跟我们讲讲烧炕的一些习俗吗？

受访者：炕起源于北方，可能从东北兴起的。过去房墙厚，大坯，50公分。热量损失少点儿，底下烧火呢，炕是热乎的。主要是冬天，连做饭一起。冬天连烧饭一起烧，又烧饭，又吃饭，又烧炕，一举两得。夏天外面垒一锅台烧饭。那时候没有煤，也运不过来。

其他人（插话）：这炕，根据当地的情况，不能太低。冬天冷，怎么办呢？用模子脱坯搭这个炕，就六十块坯，可能都不到。

采访人:您这屋里挺暖和的,暖气什么时候通的?

受访者:盖完房通的,这是土暖气,蜂窝煤的。

采访人:房屋的高度有什么限制啊?

受访者:那你得去问瓦匠木匠,柱高七尺几八尺几。三间房跨度一丈五,五间房一丈六。

采访人:屋内布局有讲究吗?

受访者:没有。过去地主家,长辈住正房,儿子们住厢房。扛活的住倒座或外面场屋。

采访人:出行使用什么交通工具?

受访者:以前走路,挑挑子、扁担,后来小推车,一个村一辆半辆的,卖货的用,后来生产队后交通工具多了,以前就是马车、牛车,那时养驴、马,四家一个驴,三条驴腿,就是三户入社一户不入。根治海河后,小推车就多了,至少三四个人去根治海河,要配三四辆小推车。改革开放以后,家家有小推车,然后小拉车、三轮小拖拉机,现在户里买小卧车了。

采访人:出行有避讳吗,日期上?

受访者:没什么忌讳。盖房有事,去找人问问,给个日子。

采访人:现在信这个的多吗?

受访者:说不信吧,真有事儿的时候也信,有时也不拿这当回事儿。本身日子没什么伤害,别人有说的,就老觉着……舆论的事,本身没什么。

受访者老伴:盖房动土,找一个双日子。

采访人:结婚的风俗呢?

受访者:咱村有知客,他们更清楚。

采访人:咱们这喜欢男孩还是女孩?

受访者:原来愿意要男孩,现在男女平等。现在有一说法,闺女比小子还强呢!闺女小棉袄,小子皮夹克。皮夹克贵,但穿不了几天,不管事儿,光瞅着好看。

采访人：妇女家庭地位怎么样？

受访者：解放前不行。解放后，妇女地位提高。现在更高啦。

采访人：村里有专门管理丧葬事务的人吗？

受访者：解放前有。死人，按照单日子、双日子，买只鸡扔外头，后来改成鸽子了，放生。

采访人：都过什么节？

受访者：中秋节、春节、四月节。四月节，前街是四月二十一，后街四月二十八，前后街不一样，就是过庙会。城关东门外有个东岳庙。

采访人：过节有什么特色？

受访者：前街后街，四月节日子不一样。

采访人：丰收时庆祝的习俗？

受访者：八月节，八月中秋上供。在院子里，月亮出来，上供自己做的月饼，买的苹果、梨、桃。

采访人：自己做月饼怎么做？

受访者：糖饼外面沾芝麻，不是糖和面，是夹层，好几层。很大个的，圆的。现在很少做了。后来当作点心的月饼小。我们的月饼也刻花。我们的烧饼原来分两种，圆的、方的，现在没方的了，方的跟一盒烟差不多，一指多厚，好多层呢。原来的馃子是圈的，现在也没人做了，都是一条根的。

采访人：方言呢？

受访者：基本就是普通话，区别是，普通话开头加个"n"，安全，我们读"囡全"。"帮工"，我们读成"搬工"，少个"g"。

采访人：有没有歌谣、劳动号子之类的？

受访者：儿歌我说过了。还有什么"闺女勤媳妇懒，生了孩子就脱产"，都是说着玩的。

咱村特色就是砸地脚的劳动号子，"同志们要起劲哎嘿，哎嗨哟啊——""向东来一下呀，哎嗨哟啊——"，这掌握好方向，大家把劲使足喽。早就有，几辈子就有，劳动的智慧。现在是电夯了。以前盖房时大家帮忙出力,现在雇人给钱。

采访人:农闲时的活动呢?

受访者:搞副业,冬天做豆腐、编筐织席。

娱乐活动,解放前有说书的,这村没有说书的,请说书的来,一家拿点儿棒子,凑半口袋粮食,到后院听说书,说书的在这儿待十天八天,吃完半口袋粮食就走了。

解放后初级社组织过高跷,搞了几年。现在有广场舞,打鼓。解放前,后晌吃完饭没事儿,小伙子们滚碌碡、石锁,练武,当然习武没有成系统。义和团时没出什么名人,有个老太太,是红灯照,说得神着呢,外头一做法,窗户纸哗啦响,刀枪不入,我不信。

采访人:"文革"时也唱样板戏吧?

受访者:村里有宣传队,唱样板戏。村里没有戏台,但也有人会唱评剧、京剧。"文革"时,聂营的在这唱过沙家浜。七几年村里有篮球场、灯光球场,在澡堂子那个院。

采访人:老百姓有什么信仰?

受访者:老百姓一般供神佛、老天爷、祖宗。解放前儿有信天主教的,冬天没事了,地里没活,上韩村,一人入就得到五块大洋,"天主我的主,一个眼珠儿两块五。"混一冬,开春又回来种地了。现在天主教又有几个人弄。

采访人:村里有传说什么的吗?

受访者:那些都没有依据,过去说笑话的事。

采访人:村里有哪些宗教信仰?

受访者:村里有几个庙,现在没了。

原来村里这地方有个大庙,七几年扒了,这地方是娘娘庙,这边一个观音庙,这边一个土地庙,这边一个五神庙。几个庙的位置可以拍一下。(画图,见《韩指挥营志略》"信仰"条)

我个人观点,五神庙不是武神庙,否则老百姓就叫关帝庙了。五神庙是五谷神,管社稷;土地庙管土地;大庙管行政。没有大庙不叫行政村,叫自然村。大庙,我理解是供玉皇大帝之类的,管行政嘛。娘娘庙,不是观音娘娘,因为有观音庙,是不是女娲呢?有的说是碧霞(炎帝小女儿)。《百家讲坛》讲过,碧霞元君在泰山上供着呢,皇家嫌太远,老百姓拜,皇家也拜,管生育嘛。皇家他嫌太远,就在北京西山建了一个碧霞元君庙。不管女娲、碧霞元君,都管生育。

看这个结构,这是土地,这是行政,这是五谷,有社稷、有生产、有行政,这个管生育人口,这个观音管监察,观音庙脸冲北,别的庙都冲南,听老百姓呼声,当官当得好坏。这几个庙相互制约。

采访人:这么成体系,是官方修建还是民间百姓自发修建?

受访者:不可考。修庙还是知识分子操持,现在庙都没了。听八十岁人说,观音庙没得早,他们都没有见过,就剩遗址了,破砖头瓦块的,说观音庙在南边脸冲北,传说里面有避风珠,多大西北风都刮不灭,后来南蛮子把避风珠偷走啦。另外几个庙都是解放后拆啦,把佛爷套上绳子拉坑里去了。大庙是七几年我当大队会计时拆的,多少年来当过大队部、学校,当供销社年头最多,供销社后来在东口盖了,大庙七七年左右就扒了。解放初期当学校,时间不长。

大庙三间,东西耳房,一个院,前出廊后出厦,就是这样,跨度比较大……供销社时候,这两间卖货,这间售货员在里面睡觉,这三间西厢房是库房。

时　间:2019年1月19日

采访人:顾斯卿、赖彦存

受访者:李亚春(85岁,退休教师)

地　点:韩指挥营李亚春家中

采访人:咱这个村子挺大的,家族不少吧?

受访者:村里有四个大家族,葛家、荣家、宋家、黄家,分别占四个角,剩下的都是小家小户。以前的地主有郭家,一个叫郭玉如,那个叫郭玉奎,这两家比较大。相同姓氏有的是一个大家族,有的不一定是一个家族。村里有几十个姓氏，大一点儿的有刘、王、李、赵、谢，姓林的少点儿，再就是特少了。王家也不是一个老祖宗传下来的。

咱这个村挺和谐的，没什么矛盾。这村早先是有围墙的，四面都有围子门，是用木头打的门。这是用来防贼的，解放后就没了，没必要存在了。路不拾遗夜不闭户了。

采访人：家族有族谱之类的东西吗？

受访者：好像老荣家有，放在箱子里，让耗子给咬成碎片了。好像刘家、林家有，也不准留到现在了。

采访人：再跟您请教一个问题，您刚才说到大庙，过去村里信神信鬼的多吗？

受访者：过去人们迷信，科技水平也不高，人们信神信鬼的，家里主要供关公，还供灶王爷。说村里有五个庙，我只看见过仨庙，一个是土地庙，一死人就到那里去报告，排着队上那里磕头烧香。一些要饭的解放前在那住，一个叫老贺，一个叫范瘸子，也不知道是哪个村的。

采访人：咱们村过去打过仗吗？

受访者：没打过，解放前二三年在城关那里有过。过去国民党时期，那是县政府衙门所在地，解放军攻城发生过战斗。攻下城，咱们村出过车，拉过胜利品。这是平津战役前的事了。是一个夜晚，不知是解放军哪支部队就来了，天一亮城就攻下了。我记着好像攻了两次，攻下来了。那时候城外有护城河，护城河外面还有树枝子插着阻挡攻城（应当是鹿砦）。

采访人：咱们村有什么民间故事吗？

受访者：韩指挥营的来历，有好几个版本，除了这个以外，没什么故事，这个村是个很平淡的村子。

采访人：您是老师，对教育很熟悉，您讲讲村里学校的历史吧。

受访者：解放前就有，周围这几个村都在韩家营上学，一到六年级。解放后就成立中心小学了。在国民党时期只有五年级，没六年级，教材不一样。学校什么时候有的不知道，早先这个学校有私塾。私塾是黄士恭他爸黄慕开的。我没上过私塾。一般上这个私塾的,都是家里很重视这个教育的才上。我姐比我大三岁,她就上过。国民党时候的小学,那时候叫幼稚班。抗战时期学校还学过日语,到国民党时期就在大庙里办学堂,三四个老师。那时候语文叫国语,数学叫算数,还学自然,童子军那时候学团训,还有一门课叫修身。音乐、体育什么的叫唱游课。功课表上都有。还有说话课,就是每个人上台前来说个故事,或者说个谜语让大家猜。新中国成立后,这个唱游课和说话课没有了。就剩语文、数学了。

采访人:大庙没了以后学校去哪了?

受访者:大庙扒了以后,学校就搬到郭家那儿了,过去郭家成分比较高,是地主,他家房子多,宽绰,后来又在原地方扒了房子盖了学校。教室的大小、采光、班容量就比较成规格了。位置就在现在的村委会后边。

采访人:大庙什么时候扒的呢?

受访者:我记事儿起大庙就是合作社了,学校搬到郭家后,就成合作社了,卖布匹什么的,什么时间扒的记不清了。

采访人:村里的孩子只要到了年龄都会去上学吧?

受访者:对,普及教育可以说是百分之百。只要满七周岁都去上学,除非智能上有问题。解放前达不到,有上不起学的。解放后这村就没有学费,谈不上上不起学。解放后出生的都上学认字,还办过扫盲班,这村男的大都识字,妇女说不好。那时候扫盲班也在大庙大殿那里,晚上开课,讲课的好像叫陶宗堂的。没课本。

采访人:您在学校任什么职务?

受访者:我主要管教学,这几个村的教学工作一直是我来抓。在乡文教组专门抓学校的教育。文教组有管思想品德的,管文艺体育的,我是管教学的。拿韩家营来说,韩家营中心小学管下面几个小学,大王古中心小学的校长就是韩家营村出来的,叫黄世兴。教学质量和教师素质有关系,哪个中心小学都有几个好老师,教学水平高的一般在高年级,各个班之间也比赛,看谁成绩好。

采访人:那教师的来源是——

受访者:一般是上面派,有从师范学校毕业,有代为培养的,有大专的,大部分还是民办老师转的。国办教师没多少。教育局有进修教研室,一些人到各乡去讲课。毕业合格后,就成为正式教师,相当于中专水平。那时候师资水平低,现在不行了,进小学至少要本科。

采访人:文教组是什么样的机构?

受访者:这个机构有的县有,有的县还没有,全名是大王古乡文教办公室,又称文教组。是乡政府下面的一个组织。直接对各个学校校长,设室主任,专门对乡的教学服务。管教学、思想教育、体育什么的。我八三年到文教组那儿的,九五年退休的。

采访人:您上学的时候有运动会吗?

受访者:有,解放前就有,都是学校自己搞,也没有记分呀什么的。也就是跑跑步哇,跳跳高跳跳远呀什么的。乡运动会一般是一年搞一回,在我来之前就有了。我七六年上一年级,那时候就有了。老师组织,每人拿一个小马扎,走六七里地到大王古庄去,热闹着呢。

采访人:村志有一个部分是人物,我们觉得您在教育方面做出过贡献,希望您能写一下自己的生平。

受访者:我贡献小,我推荐一个人,原中心小学校长,叫黄世鑫,他在大王古中心小学当校长,是个转业军人,这个人给我的印象,是认真负责的,做事雷厉风行,这个人的生平你们可以考虑下。

时　间: 2019年1月19日

采访人: 顾斯卿、刘紫奕

受访者: 刘世懿(70岁,知客)

地　点: 韩指挥营刘世懿家中

采访人:我们在编村志,包括风俗,会涉及婚丧嫁娶等的礼俗问题,您给我们聊聊,先从婚嫁这些喜庆的开始吧。

受访者:喜庆的,打我记事开始啊,结婚找双日子,那时一般都是腊月结婚,没有说五一啊、国庆节啊,那时妇女都讲究腊月结婚,头年儿结婚。那时生活困难,农村秋后下来点儿钱,陪嫁姑娘,不像现在咱们月月挣工资,那时没有这一说,生产队到时候开点余款,聘闺女,娶媳妇,全在腊月结婚,赶在冷时候。

采访人:您给讲讲结婚的完整流程吧,比如从说媒开始。

受访者:过去,三媒六证,按理说全由媒人,互相介绍,比如想娶谁家闺女,男方家找一媒人,上女方家去,说说男方家什么情况,哥儿几个,几间房,全得说明白喽,跟妇女那边谈去。人家得问啊,哥儿几个,几间房,几个大姑子,几个小姑子,就是几个姐姐几个妹妹,全问好喽。女方同意见见面呢,上媒人家,互相一见面,女方瞅着男方行,就定了。赶明儿还得相一趟家,上男方瞅瞅这家庭,有几间房,多大院子,是这种情况。到家一相家,行喽,家庭条件不错,小伙子也挺不错,就定了。定完,过一礼,定日子,过一个大礼。过大礼是女方到男方家过大礼,亲戚朋友全请来,姑姥姨娘全请来,女方爹妈跟着,互相一见面,姥姥、姨姨、姑姑都给钱,一人给两块,那时候没钱,一见面,这是大姑,这是二姨,这是姥姥,得,一人给两块。

采访人:那时两块相当于现在多少钱?

受访者:那时两块,现在得二百。

受访者老伴:就拿我们俩结婚来说,过礼到结婚二百块钱。

采访人:相当于现在两万块钱了!

受访者:我们那个年代,定了,男方还得上女方家去,比如女方爸爸有哥儿仨,要拿三份东西,她爸爸一份,那哥儿俩一人一份,三份东西,搁到那儿。一认门,就行了。该定日子结婚了,腊月二十几啊,腊月初六啊、初四啊,定个双日子,吉庆日子,该操持结婚了。结婚再多少给点儿聘礼。那时没大条件,就是三百、二百的。女方家给点儿嫁妆,陪对儿箱子,就过来了。有条件的,陪个缝纫机,就这种情况。姑娘手巧的,针线活拿得起来的,娘家陪个缝纫机。定好日子就结婚了。

那时迎亲,村里有条件的用马车,没条件的用牛车。把大席卷成卷,往大车上一圈,席后面插朵花就过来了。到了,搬板凳请新娘下车,新郎给鞠躬,三鞠躬,下车迎进来。

采访人:新人的衣服有讲究吗?

受访者:一般棉布棉袄,红色的。

采访人:新娘头上盖盖头吗?

受访者:现在没有。以前坐轿子的有盖头,六几年有轿子,"文革"后就没有轿子了。我小时候见过轿子,最晚是刘某某,他媳妇坐轿来的。

采访人:您接着讲。

结婚期间,哥哥嫂嫂送,再来个哥哥或者弟弟,送到男方这边来。新亲来了,在屋里坐,别的亲戚在外头坐。不像别的村一块坐,我们是先把新亲让屋里。

采访人:这是咱们村特色。

受访者:是。男方办酒席,坐席上新亲先坐。就是女方的娘家人,哥哥、嫂嫂、弟弟等亲戚先坐。现在人多了,过去就这几个人。女方在女方送亲的屋子坐,女方嫂子跟新人。男方放两桌,大哥在炕头,二哥在炕梢。那时全是大炕,桌子摆上,上菜,让新亲上桌,先让大哥,再让二哥,男方家属里的姑爷陪着,没有姑爷,舅舅、叔叔、大爷,凑六个人,一桌。炕八仙的桌子,放起来有讲究,不能瞎放。炕八仙有条,不是一块,把条横过来,他才上桌。过去摆菜,猪肝、猪肺、猪肚,有几个硬碟,如果把窝囊废摆新亲跟前,人家瞅着不上桌。要提前告诉桌子怎么放,菜怎么摆,先摆什么,后摆什么,上吃下撤,就是这菜摆上去了,人家吃完了,再上新菜,把吃完的菜撤下去,新菜摆上边。

采访人:上菜的大概顺序是——

受访者:先上凉菜,四个,接茬就炒菜。鸡头鱼尾,一上鱼、一上汤,这菜就算完了。

采访人:凉菜有啥讲究吗?

受访者:必须是四个凉菜,现在多是六个,那时四个。讲究二八,八个碟八个碗。八个碟是，四个凉菜、四个热菜；八个碗是，两碗肉、两碗豆腐、两碗粉条、两碗嘎渣，一套八个碗。比较讲究的户，有白条、红条、方肉、四喜丸子。

采访人：白条红条是什么？

受访者：就是蒸碗，扣肉，有长条的、方的。席摆上了，大家互相夹菜，互相照顾着，连酒带菜慢慢喝。喝完差不多就上饭了。新亲说我喝好了，才能上饭。新亲不说好了，还得继续喝。新亲如果不喝了，也不要死乞白赖让。新亲吃完饭，上一壶茶，倒上一碗茶，全撂筷子，让新亲下来。对了，大师傅上汤的时候，新亲给做饭的大师傅一个红喜包。

采访人：汤有讲究吗？

受访者：一般都是鸡蛋汤。现在条件好了，有时候汤里头放鸳鸯。过去讲究不上汤不撂筷子，要不就是不懂规矩。上了汤不喝不碍事，要等上完汤再撂筷子。这是风俗，一地儿一风俗。

新亲喝完水下炕，大侄子喊，新亲车套好啦，来催，新亲听见就领会了，上新人那屋，家长互相交换交换礼节，几天接几天送啊，定好。男方什么时间上女方家去，女方什么时间上男方家来接闺女，互相说完了，就走了。新郎跟家属一直送到车上。

然后，开大节时，女方让拜，该磕头了。姑姑受礼拿两块，姨姨受礼拿两块。

男方是结婚头一天受礼，亲戚都来了，男方给姑姥姨娘舅舅等鞠躬，以前磕头，后来男女都是鞠三个躬，后来改革，别都鞠三个躬了，现在是第一个给大全活人（即儿女双全、公婆俱在的）鞠躬，给大姨大姨父鞠躬，鞠三个躬。再后面就鞠一个躬了。给了礼钱，就走了。男方头一天晚上受礼，第二天新媳妇来了后，典礼入洞房。以前，解放后的典礼就是，有主席像，搁上一盘糖、一盒烟，对主席像三鞠躬。现在村里结婚典礼都找婚庆了。那时是账房先生弄几条，一念。更简单。

采访人：再说说闹洞房吧。

受访者：入洞房有这么个过程，俩小小子踹门。外头贴红纸，先小小子踹开门,然后小姑娘撕红纸。小小子,就是没结婚的男孩。

结完婚,全完事了,席面撤了,找一个村的小小子闹洞房来。晚上有时候喝喜酒时也有。有条件的弄两桌,亲戚朋友喝喜酒,没条件的就找小小子闹闹洞房。闹洞房的必须要比结婚的年龄小,没结婚的。比如大伯,女的叫哥哥的,那不能去。女的很少,除非小姑子啊,比新郎小的。

闹洞房的花样挺多,点烟、吹烟、剥糖、吃糖、叼苹果。比如让新娘点烟,想办法不让新娘点着,新娘且费事点不着呢,那时没打火机,全使洋火。也闹新娘也闹新郎。

采访人:新媳妇什么时候改口?

受访者:典礼时候,新媳妇一下车,给婆婆戴朵花,说妈妈你戴花,妈妈给个喜包。

采访人:有伴郎伴娘吗?

受访者:以前没有,现在有。以前就是大弟弟。

采访人:结了婚以后呢?

受访者:入洞房后第二天,烧炕前,先扒灶火,灶火里婆婆给包了一个喜包搁在那儿了,两块。提前都告诉了,你先别烧炕,先扒扒灶火,有喜包。第三天清早时,儿媳妇给婆婆沏壶茶,茶叶是娘家家里给买的,拿压箱子点心,给公公婆婆吃,有这个礼节。压箱子点心的意思啊,过去,如果婆婆厉害,新娘受气,怕吃不饱,娘家给压箱子两盒点心,一盒自己吃,一盒给婆婆留着。跟早茶似的,喝茶吃点心。第三天认门,从家族大的(年长的)开始认亲戚,就完事了。

采访人:女方什么时候回娘家?

受访者:第四天早上出发,有当天回来的,也有留住的,男方跟着,小两口去。正月初二还去,如果老丈人哥仨,男方给预备三份东西,在那待三天。初二吃老丈人,初三吃大爷或叔叔,初四还吃,吃完三家回来。送三份东西,对方也得请。过去姑爷是上客,老丈人丈母娘都伺候着端茶倒水。这年头不同了,姑爷得亲手做啊弄啊。过去姑爷坐上座,老丈人下座陪着,给倒水。姑爷是贵客,是怕姑爷欺负他闺女。

采访人:姑爷带的礼有什么讲究?

受访者:我那时候就是一个蛋糕匣子、两瓶酒。

采访人:结婚流程以前到现在没有什么大变化吧?

受访者:对。

采访人:改嫁的结婚,有什么不同?

受访者:以前一般不离婚。比如别村的,结过婚又改嫁这村的,就不典礼了,直接入洞房了。过去就是生了孩子二十多岁守寡的,一直一辈子,改嫁很少,多受气挨打也不提出改嫁。

采访人:说媒说好了,悔婚的有没有?

受访者:以前没有,父母说了算,包办。后来有,比如,女方不乐意,男方花的彩礼女方退人家。男方不乐意就别要回彩礼啦。

采访人:有早生孩子的彩头吗?

受访者:结婚时,女方家里给穿好枣、栗子,希望到男方家早点生孩子。

采访人:有娃娃亲、童养媳吗?

受访者:解放前有,后来没有,我七十了就没见过这事了。有童养媳现在也得一百来岁了,农村的童养媳是,爹妈没有了,爷爷奶奶也没了或者都没抚养能力,给孩子送人吧,找个主吧。老太太对姑娘挺好的,十五六岁给圆房,算媳妇啦。不虐待。还有爹妈没有了,或家里没条件抚养,给孩子送亲戚的。

采访人:近亲结婚有吗?

受访者:有,两姨成亲,双方母亲是亲姐妹。姑舅成亲也有,舅舅家把女孩子给姑姑家做儿媳妇,但是不能把姑姑家女孩子给舅舅家做儿媳妇,这叫骨肉还家,是不行的。

采访人:咱村嫁进来的姑娘多还是嫁出去的多?

受访者:生产队时,嫁出去的多,嫁进来的少。这里条件差,闺女都往好处去。这时候就差不多平衡了。我们那时候娶媳妇挺难的,条件低,养不起,生产队分东西少,不够吃,谁家有姑娘不找好地方呀。

采访人:妇女怀孕后怎么对待?

受访者:过去就一样,不特殊,没条件。现在补这个,补那个。

采访人:接生怎么办?

受访者:过去有接生婆,请到家里接生,然后给红包。大概八几年以后都去医院了。

采访人:生男生女有区别对待吗?

受访者:看个人。有重男轻女的,是因为儿子可以上地里干活。

采访人:生孩子后有什么仪式吗?

受访者:过满月,请亲戚朋友来喝酒。百天时,买金锁银锁。没有周岁时抓周的风俗。

采访人:计划生育情况呢?

受访者老伴:我当过妇女主任,六几年号召计划生育,后来不叫号召了,强制,生多了不行,罚你。八几年罚工分。七几年时,生产队干一天十分,日值怎么定要看生产队全年收入,是分核多少钱,日值有核两毛、三毛,雹灾以后日值一毛七,好年头出一天工两三毛钱。挣工分制按劳分配。

采访人:一家几个孩子?

受访者:一家两三个,最多生四个。七十岁以上的四个还行,七十岁以下的三个都不能有,只能两个、一个了。现在号召两个了。以前计划生育就一个,不论男孩女孩。

采访人:满月酒流程呢?

受访者:把亲戚朋友找来,孩子过满月啦,摆几桌席。有条件的多弄几桌,老乡也来;没条件的三桌五桌;人缘好的,亲戚多的,十桌二十桌;人缘不好没有老乡亲来往的,少点儿。爷爷奶奶高兴,得一大孙子美着呢,把亲戚朋友、姑姥姨舅都请来,老一辈的,少一辈的,儿媳妇这一辈的都叫来给庆贺庆贺。没有什么仪式。

采访人:分家的情况呢?

受访者:结婚时分家的很少……

采访人:离婚的情况呢?

离婚的太少了,以前,解放前,死要面子活受罪,吃不饱挨欺负,到娘家不敢说,解放后现在没这情况了。比我们岁数大点儿的,媳妇也有受气的,婆婆吃好的,媳妇吃坏的。

采访人:媳妇的家庭地位低吗?

受访者:以前有这种情况,当然也看人性。讲究门当户对。如果男的没了,这个家就难了。俗话说寡妇门前是非多。以前女人就是生孩子、围锅台转、忙家务事、做衣服、刷洗、推碾子推磨,过去都是妇女的事。后来社会主义妇女翻身了,该怎么办怎么办。妇女上班挣钱了,男的该干家务干家务。

采访人:重男轻女吗?

受访者:一般愿意要儿子。怀孕了都说生个大孙子哦,都这说法,传宗接代是封建时候留下来的,有儿子就叫全活人,没儿子就不是。

采访人:有入赘的吗?

受访者:现在没有,过去入赘,要更名改姓,改女方的姓,结婚仪式没区别,都一样。

采访人:再说说白喜事吧。

受访者:老人快去世了,去世之前的准备有,叫火化车,送纸送布送丧盆(烧纸的盆)。叫上账桌,写账子的先生,写帖子,给儿媳妇娘家的亲戚朋友送帖子通知。过去是红帖子喜事,白帖子丧事,找两辆车,各村一转,这是提前准备的。现在都是火化,火化车来了以后,人咽气了后给穿上丧衣,躺板上,商量丧事怎么办,大办还是不办,放三天还是五天,还是当天埋,该怎么操持怎么操持。有的死了当天就埋了,有的搁三天火化。头天咽气,第二天火化,帖子上写什么时候咽的气,什么时候火化,什么时候发帖、什么时候出堂。

采访人:墓地是挑的吗?

受访者:有坟茔地,到了在坡上找地方挖坑,咱们村没有风水先

生,别的村有,有的就找风水先生给挑个坑,找不找风水先生看个人信
不信了。

采访人:迁坟有仪式吗?

受访者:头七点,放放炮,烧个纸。

采访人:您接着说。

受访者:咽气了,叫倒头,穿上衣裳,放车板上,叫账房先生过来,写
帖子,送。这时候跟东家商量,丧事怎么办,放一天还是三天,亲戚朋友
准备多少桌席呀,安排了,把厨师叫来开菜单,比如五百块钱一桌,用五
十桌,大师傅给安排好,第二天,中午是便席,一百五的,到晚上是正席,
五百的。

采访人:中午也有席吗?

受访者:有,报丧后人都来了,得招待。

采访人:磕头按辈分吗?

受访者:不,孝头没大小,孝儿孝女披麻戴孝,见人就磕头。

采访人:根据亲属关系披不同的麻吗?

受访者:同姓的家族就得穿麻,亲戚就没有麻了,白搭子。过去女
儿是白裙子,姑爷是一块白布搭在这,压帽子。现在就是给一个白大
褂。儿子是披麻戴孝全套,腿带子、腰带子。

晚上吃饭,包四碟饺子上供,姑爷亲的热的给磕头,先是姑爷磕头,
再表兄表弟、外孙子,亲的热的磕完了,就是披麻戴孝的。

磕头数量不一样,有磕四行四满的,四喜八外的,有磕四个的,有鞠
躬的。

姑爷四行四满,作揖,起来,一回,跪下,起来,一回,共四回,第五回
跪那连着磕四个。

有的鞠四个躬,有的跪着磕四个头,看亲疏个人。

头天晚上席坐完了,第二天早上便席吃完,然后就该火化了,第三
天清早请便席,一百五的席面,请帮忙的、亲戚朋友、抬小轿的。现在四
个人抬,过去双杠,有16人的、24人的、32人的,仪式大。以前是抬棺

材,现在是抬骨灰盒,有四个人的。送路,姑爷磕头,烧纸活,男的烧纸马,女的烧纸牛,仪式完了,11点多了,该开饭了,开完席,两点多了,出堂还是姑老爷开始,该磕头磕头,把骨灰盒搁外头,丧盆放外头,磕完头后,孝子摔盆,就该走了,到坟地一埋。东家三天圆坟,就是把坟收拾收拾。五七烧纸花,六十天烧纸船。百天以后第一个七月十三为新麻颗,上供烧纸。

采访人:之后祭祀有什么仪式?

受访者:一般清明祭祖,添坟、烧纸。七月十五是老麻颗。十月初一是寒衣节。年三十中午就写好包袱供上,初二烧。享受一年四季祭祀的只有主祭人的父母、祖父母、曾祖父母三代先人。

采访人:那上哪儿去呢?

受访者:公墓,就那儿。清明那些也就到那儿去烧,不在自己村烧。这几年,禁止这个,怕着火。村外头,一出村就烧,看他这坟在什么地方,这儿坟墓不集中,哪儿都有埋的。

采访人:聊了婚丧,我们再聊聊其他的风俗习惯吧。村里的节日有哪些?节日里都有哪些活动?

受访者:传统就是清明节、春节,元旦什么的对农村都不重要,八月十五比十月一还隆重呢,农村人认八月十五。

节日离不开吃,春节一般就是有鸡有鱼,再炒几个菜就行了,来客人多了,炒十几个菜。小辈拜年,老辈给红包。没结婚的叫压岁钱。一般的都给一百块。近点儿的给二百。我小时候,大年三十晚上11点,吃完饺子,男的全到各家串门拜年。初一妇女拜年,不结婚的姑娘不拜年。亲的热的给红包。年三十开始放鞭炮,炮灰红纸扫到一堆,不往外倒,直到十五。过去还有踩岁的说法,就是用芝麻节扔一院子,来人就踩得咔咔响,就是踩岁。现在找不到芝麻节了,也就没这风俗了。我们这里过去生产队就三个节,宰三回猪,除了春节,八月十五,还有四月二十一庙会,也说不清是哪里的庙会。宰猪是各个生产队各宰各的,多宰一头就多分点儿。现在没四月二十一庙会了。

采访人：衣食住行方面，先说穿衣吧。

受访者：以前过年穿新衣裳，九零年往前。现在衣服都挺好，过年干干净净就行。

采访人：您平时都喜欢什么款式的衣服？

受访者：也没什么特别的，不用贵，平时穿干干净净的就行了。不像年轻人，穿时尚的，洗衣服还得去干洗店，咱村还没有干洗店，得去城关洗。现在社会吃喝什么都不愁。我们是从过去艰苦时候过来的，什么都舍不得扔，五块钱两双袜子，我还补补接着穿，习惯了。以前妇女打毛衣、围巾、做衣服，现在都不做了。

采访人：在饮食方面有什么讲究？

受访者：有什么讲究啊？没什么讲究的！咱们这里的农作物一般是棒子、麦子还有红薯，红薯为主，我小时候净吃薯片。这村的白薯有特色，都是沙土地，适合种白薯，现在没地了。自己的院子里种点儿菜，够自己吃就行了。不打药，安全。平时吃点儿不打药的萝卜有好处，俗语说"吃萝卜就茶，气得大夫满街爬"。萝卜败火的。

采访人：现在您经常出门吗？

受访者：也出去，近的开自己电动车出去，远了打的，孩子们有汽车来接。四个孩子也让去住两天，我这是住不惯，还是回来住。偶尔去唐山看看两个哥哥，我哥是军医大学毕业的，在西藏待了二十多年。

采访人：咱们村倒是挺平静的。

受访者：是呀，没什么大灾害，也没什么太穷的，大家感到挺幸福的。八五年以前不行，那时候生产队干活，吃大锅饭，出勤不出力，大家都耗时间，粮食收得少，吃大食堂，生活条件不好。分田到户了，自己根据时间照顾自己的地。

采访人：咱们这里称呼上有讲究吗？

受访者：串门的叫我老哥、老伯的，称呼不重要，让人尊敬就行，先自己做到。比如你们来了，我斟茶倒水。得到别人的尊重，你得做到了，做到那里别人才会尊重你。比如当干部，在村里当书记、村长是最大了,想整谁就能整谁,那样做可得不到别人尊重,你得想着为人民服务才行。

采访人:平时路上遇到熟人怎么打招呼?

受访者:俗语呗,"您吃了吗?""您干嘛去啦?""您出去啦?"

采访人:大爷大妈平时闲暇都做什么?

受访者:每天遛遛弯儿,别的喜好都没有,有爱打牌的,老伴(大妈)以前跳过秧歌,在香港回归头一年学的。头年还跳呢,村东头跳。现在民间的这些都不好组织,跳秧歌的全是六十到七十岁的这些人。一般是我组织,大喇叭一喊——今天跳会儿啊,这些人就全来了。民间活动组织者是关键,我这岁数大了,今年没组织,活动就没搞起来。当初村里有鼓、镲,我就给要来了,组织大家跳秧歌,大家有点儿有矛盾的,在这里也都一块跳,就为乐呵一下,锻炼身体。谁家结婚,跳会去给人家庆贺一下,图个喜庆,一般是前一天晚上,是无代价的,人家愿意给盒烟,给把糖,乐呵一下,不给也没事。老太太二十多人,打鼓的有十多个,打镲的十多个,加起来得四十多人。

采访人:您平时怎么保养身体的?

受访者:没什么特殊方法,就是别生气,人不能活在气中。不在吃好的,我平时粗茶淡饭,身体还不错,我同龄人在这村死好几个了,病病歪歪的也还有,我们两口子也不骂街也不生气,身体没毛病,人吃点儿亏好。有舍才能得,不舍不能得。我这辈子在村里弄个穷人缘,我就知足了,知足才能常乐。

采访人:平时生病后怎么处理?

受访者:我一般刚咳嗽、小病刚开始,就赶紧吃点儿药过去了,没输过液,没住过院。最近几年用蒲公英沏水喝,排毒泻火的。口舌生疮,用这个漱两回,牙疼就沏上温温的漱这牙,夜里就疼不起来。嘴片子肿,多含着,牙床肿勤漱口。蒲公英我们叫婆婆丁。

采访人:有啥中药材?

受访者:没啥,人家山区多。这里就胡根(音,疑为生地)呀,春天挖

苇根子,给孩子们熬点儿水,怕出花出疹,苇根子现在没有了,过去地头
就有。

采访人:村里有打麻将的吗?

受访者:田家大队房后头那有麻将馆,人不多,都上班呢。

采访人:咱村有习武的习俗吗?

受访者:有。打太极的唐秀林,跟我一般大,七十了。很早以前都
不相信他练这个,他有一次串门,跟人说,你站那,我一下就让你上炕
去。别人站炕边,他不用推,用他十个手指头一弹,"嘣"一下就炕里头
去了。他有几个徒弟,咱村的,他不收费,一块练着玩。

采访人:女的就跳跳广场舞,扭扭秧歌吧! 民间活动不少,打太极,
打麻将,有乒乓球室,孩子还有好多游戏。

受访者:对,不少,但是,大队干部不抓。

采访人:有放电影吗?

受访者:现在没有,以前有是抗战片,在以前大队大院里放,有时候
东口也有,学校头喽。现在少了,家里都有电视。

采访人:咱这有唱戏、说书的吗?

受访者:唱戏的早年有。

采访人:您小时候玩什么游戏?

受访者:我小时候玩弹球、打嘎。弹球就是玩玻璃球,弄一个坑,把
球弹进去。打嘎就是弄一个棍子削成两头尖,用一块板子打,看谁打得
远。抓汉奸游戏是以后的,我们小时候没有这个。现在打乒乓球、打篮
球、羽毛球,先进了,过去没有。小时候皮球都买不起,小孩踢毽子自己
做毽子,家家有公鸡拔几根毛。那时家家养鸡下蛋舍不得吃,卖钱。

采访人:咱村有信佛的吗?

受访者:有,一般全信佛,重视的家里供着呢,求富贵呀,有的去峨
眉山去求。我觉得,瞎造的求也没用。

受访者对象:中国讲究孝为先。

采访人:能谈谈您的宗教信仰吗?

受访者对象：是我信，我是韩村人，礼拜天去韩村，有教堂，不能去的在家做礼拜。我们韩村大多信天主教，在这里（指韩指挥营）就我一个信。

受访者：我什么信仰没有。

采访人：大妈说说天主教礼拜的情况。

受访者对象：有时去教堂，有时神父过来，放假时神父就各回各家了，有陕西的神父，上完大学神学也要考。我在韩村从小就信这个，我父母祖上就信这个，传下来的，一个村从我爷爷奶奶父母都信天主教。咱们周围的天主教传过来有一百多年，韩村教堂都换三回了，现在规模不小，容纳三四千号人，三百多平米，有三四个神父。这个教堂算是个主教堂，在农村算大的，周围六七十里也有，规模不如这个大。我有空就去礼拜。结婚有的去那，受洗，婚配。咱们村没有信这个的。

采访人：咱村无神论者挺多。

受访者：对，我就说，哪个教门都是让你做好事，不做好事没用。

受访者对象：天主教的中心思想就是爱你周围所有人，上爱天主，下爱周围人，天主教课本孝敬父母是第一。我从小受洗。

采访人：村里有什么避讳的？

受访者：有，初一、十五，讲究的都不出门。大年初五，不能出门。七月十三是死人节日，七月十五也是，不能出门。阴历十月初一是鬼穿衣的时候，不能出门。看病人，初一、十五也不行。岁数大的人讲究，年轻人不讲究。其实人多做好事，在家孝敬爹妈，多做好事，周济别人，老的不欺少的不哄，不能瞧不起人，也就没什么可怕的了。

采访人：现在像您孙女这么大的孩子都在外头上学了，能出去都出去了。

受访者：对，村里没有留守儿童，家长都在附近上班。我家外孙女在天津上学，假期回来，过完年再走。

采访人：村里人对孩子的教育有什么想法？

受访者：过去孩子上不起学，让孩子学个木工、瓦工手艺，现在都愿意供孩子读书上大学。村东口有小学中学,考不上城关武中、杨村一中这些高中的,去天津上个专科学校,再上班。上学后走出去的孩子们都还不错。父母还是都愿意供孩子上学,望子成龙望女成凤,有的条件不好念不起,没办法,农村尽这现象。"文化大革命"后恢复高考年代,我村有几个,宋文奎、黄世先都是恢复高考考上的,黄世先毕业后是城关武中校长,后去黄庄当校长。恢复高考时,我们队有几个,四队有一个,让不让复习队长说了算,我过去当生产队长的时候就跟年轻人说,让他们抓紧时间复习,给他们创造机会学习。后来就有考上的,像姓葛的就考上石油了,后来包油井发财了。

时　　间:2019年1月20日

采访人:顾斯卿、赖彦存

受访者:谢凤宁(村医,47岁)

地　　点:韩指挥营诊所

采访人:村里看病开中药还是西药?

受访者:西药,从九二年到现在,一直是开西药。中药也是开中成药。之前的赤脚医生也没有会开中药的。我是从专科学校学习毕业后就到村里当医生了,村里来看病的一般也就是普通的常见病,特殊疾病不管是看出来的还是看不出来的,都让他转走了。一般转到杨村的多。现在政策要求限制抗生素,各大医院却不限制,想不明白!

采访人:在村里治疗的范围是什么?

受访者:也就能看看感冒发烧、跑肚拉稀。

采访人:村里接种疫苗的工作是咱们诊所做吗?

受访者:在大王古卫生院做。

采访人:非典时,咱们村采取过什么措施?

受访者:那时候村村都有防疫人员,都是村里组织的。对外来人员、车辆消毒什么的。我的上级领导是大王古庄镇卫生院,我听他安排。我们说是公立卫生室,但是自挣自花,没人给你发工资。村里只有一个卫生室,一个药店,没有私人诊所。村里卫生状况相对比较好,没有出现过重大疫情。我们这里不能用医保,最低也要乡镇卫生院。

采访人:近几年哪些病有增加的趋势?

受访者:有,比如癌症,呼吸道类和消化道类的癌症。什么原因说不好。

采访人:您之前村里医生的情况?

受访者:这村最早的医生就是我父亲,六二年有一个上山下乡运动,那时候他在大沙河医院当院长,响应号召自己下放到农村。

采访人:您看病不限于本村的吧?

受访者:不限,曾经有一个廊坊的,腰有病,找好多地方看不好,找到我看,我发现就是腰部一个小的错位。CT上、核磁上根本看不出来。我给他做了按摩,当时就不疼了,用药一星期后,好了。好多都是慕名而来的。

采访人:会定期给一些老人做体检什么的吗?

受访者:有,一年两次体检,三次随访,都是我亲自去做。60岁以上都做。

时 间:2019年1月20日

采访人:顾斯卿、张晰森

受访者:大王古庄中心小学校长

地 点:大王古庄中心小学校长办公室

采访人:咱村学校什么时候成立的?

受访者:一一年底竣工,是政府建的,一二年5月开始招生。小学30个班,中学18个班,七、八、九年级每个年级6个班。幼儿园20个班,这儿14个班。每班30多人,40多人。小学每村都有。中学三所,现在(九八年以后)就大王古一所。后来并校后,小学就是两所了,二小和大王古庄中心小学。幼儿园剩四所了。中学684人,小学1151人,二小是514人,教师全镇163个人。

采访人：入学需要考试吗？

受访者：小学、中学都不需要。也没有按成绩分班的现象。初中毕业上中专、技校、普通高中。一八年考上一中的有12个，考上城关高中的127人。剩下的就是中专技校了，大部分都有学上。咱们大王古的教学质量在西北片的几个镇里算不错的，排在前列的。

采访人：教师的来源是——

受访者：这几年都是招聘，大王古连着三年定向招聘。原来是师范学校、师专，后来有了本科的，零八年第1个本科，一零年1个本科，一一年2个，一三年4个，一四年4个，一五年7个，一六年18个，一八年7个。过去有一批民办教师，八五年考试来的，逐步转正。有上师范的，上两年转正，最后一批四个，多少有点儿毛病的，也在九六年转正了。

采访人：咱们教师队伍的年龄结构是怎么样的？

受访者：这两年，30岁以下的有60多人，30到50岁的人多，40以下占一半。

采访人：教师的待遇怎么样？

受访者：工资分职称，第一年四千多，见习期少，一年以上见习期满就是助教了，慢慢就多了。

采访人：学校有什么科研成果吗？

受访者：有，是学科类的，还有国家级的。

采访人：学校有医院吗？

受访者：有个卫生室。校医院、卫生所得有医生，我们这里没有，只有些简单的急救措施，如创可贴之类的。由体育老师兼职。

采访人：最近几年有什么突出的奖励？

受访者：一八年市级文明学校，整个武清才六所。区县级的就多了，各种活动都有。咱们这学校特色是快板书，拿过奖。快板李润杰的老家就是武清。体育方面，硬件是有，各种场馆有，就是这些年成绩上没什么特别突出的。节假日也有对外单位的体育比赛什么的。

采访人：这里有成人教育的学校吗？

受访者:就一个成人文化教育学校,就在政府小楼那儿,二小那儿。现在基本没有运行。以前培训村干部,社会义务工作。

时　间: 2019 年 1 月 20 日
采访人: 张晰森、顾斯卿
受访者: 不知名老匠人
地　点: 韩指挥营爱民东道

采访人: 咱村盖房子有什么讲究?

受访者: 我干这行三十多年了。过去的房子叫大坯房,墙皮厚,冬暖夏凉的。就是用土做的房子,里面有些稻草。外面是一层红砖,里面是土坯,现在的房子全是砖的。地基是打灰土的,白灰放土里,用电夯砸,人工打地脚最低也得 12 个人,用压麦子的石磙子打。现在用电夯。过去都是大坯房,地主也是。

采访人: 红砖是从哪里来的?

受访者: 人工烧,咱们这里有烧砖的窑,不用就废弃了。过去没瓦,和泥,一年一抹,后来才上瓦。砖房结实,也不容易漏雨,不怕雨阴湿,过去用白灰,用瓦刀抹,现在有水泥了。早先就用和泥沾,完后溜缝,后来和白灰、沙子,再后来是水泥,也和个人条件有关。

采访人: 大坯房打完地基后怎么盖?

受访者: 用捡来的半头砖垒几层,大概四到五层,然后上面是土坯。一般土坯房宽五米到五米半,长就没说法了,多大都有。高一般两米三。檩条使用杨木,榆木都有。使用年限有百十年不坏的,看你怎么保护了。五六十年很常见,这种房子在宝坻多。

采访人: 砖房怎么盖呢?

受访者: 打完地基后也是一样,拿沙子水泥垒,一般是十二三层砖,厚度是三七墙和二四墙,还有的底下铺几层钢筋,上面还是使檩条,现在也有使用楼板的,比较少见。这地方不让盖楼房,都是平房。盖房朝向都是正南。从零几年起村里有了暖气,但也还有烧大炕的。过去盖房得几十号人,都是帮忙,没工钱。改革开放后承包了,多少钱一间说好了,承包。

采访人:我们看到很多房梁不直,为什么这样?

受访者:过去都这样,好吃上劲。

时　间:2019年1月21日

采访人:顾斯卿、赖彦存

受访者:刘加臣

地　点:韩指挥营村委大院

采访人:学校校长说您在学校教他们快板,说您平时自己好这个,您跟我们说说快板的事吧。

受访者:一开始有一个两年多的校长培训,上杭州、天津各城市去,搞特色校建设,各学校都要有亮点,我们到那,人家也说你们学校有什么特色?为什么把特色引进来?比如说有学校说了,我们有泥人是学校劳动实践,还有把钳工的工具,做螺丝,做这做那的,还有干这个的。回来我们一想,咱们的特色要因地制宜,符合咱本地特点,为本地服务。就想到了快板。

快板分为三大块,高凤山、王凤山、李润杰,李润杰就是咱们武清城关人,所以咱们就把本地区的特色引进咱们这来了。我一姓连的同学,通过他,把廊坊市打快板的一个引进来了。引完之后,咱们没老师跟着学下来,得有老师,从哪儿找去呢,从刘庄找一个人,打快板的,去了哒哒一打,我说挺好,到现在他是全国第二届快板书表演一等奖获得者。还有一个全国乡村名嘴天津赛区的名嘴,我就跟学校商量,就把他引进校园。一周来一天或两天,开校本课程。那时候开始,我也跟着练,咱也好这个,人家给指导完后,回去练吧。打板时候,你得拍上板,我们学生最少五百多人,一年一百多人,还有托人说教教我家孩子,教教我家孩子吧,我应他们就是。你全国各地随便打去,只要是人家一瞅,就得说是正宗,属于不是精英教育,是普及教育。从开场板开始打,然后有一些老段子,全是积极向上的。成绩是,一三年开始引进,一四年学生开始上台。

采访人:上哪个台?

受访者:武清区教育局有校园艺术节,5月份个人赛,11月份集体比赛,美丽济华园最少8次获奖。武清文化局举办天津市首届曲艺大赛,就今年8月份刚开始的,我学生去获奖了。去年天津市级校园艺术节,去3个孩子,3个二等奖。除了我们,武清区的为什么很少报?边远地方没有敢报的!他们为啥不敢报?百分之五的一等奖,百分之十的二等奖,百分之二十的三等奖,一百个节目就35个给奖,获奖不容易,好多人因为这就不去了。跟小学、初中、职校的,跟他们一块比,获奖率太低。评委是武清区那些音乐老师,他自己也有学生,评委20多人。一共几个一等奖,咱们孩子一等奖得了,二等奖一大堆,三等奖可以说无数。还有大王古,也去了,证书都在我这呢,各级的获奖证书。艺术特长生就得在教育口获奖才管事,含金量高,挺严的。我们还组织过一次叫"家乡的巨变",有11个孩子,从两个班挑,最少8个孩子是我快板里的。手眼身法步,跟观众交流,气质要有,聚精会神,还有身段各方面。拉出一个班来,我的学生参加天津市的比赛,他也不能说咱们水平差。

咱们说的段子全是积极向上的,比如"天安门广场看升旗""美丽济华园""韵美武清""不忘初心砥砺前行""伟大梦想早实现",还有教育人的"安全"。现在还有"古诗词诵读",里头"二十四孝""三字经""百家姓""弟子规",都有快板,50段。

采访人:您能把个人简历给我们写一写吗?还有这里创新的段子能提供给我们吗?

受访者:可以,回头我发给你们我那总结,就全有了。有图片、奖状。一七年中华优秀传统文化艺术传承学校,天津市给武清区6个,杨村一中是民乐二胡、京剧,十三小的蜡染,大王古的快板。你们可以瞅瞅那牌子。过些日子,武清区关工委给10个地方授牌,我们也报上去了,不知行不行,有点儿戏,没准。

采访人：还有一事，能不能写一下关于韩指挥营的快板这方面的文化，从一开始到现在怎么发展的？

受访者：现在在全国刚发展起来，有断层。还有，我提供一下，韩指挥营村原来这个地方的学校可是方圆多少里都上这儿上学来，一开始，安次区归河北省，一开始叫安武合并，安次区那边的人都上韩指挥营上学。村委大院后面就是老学校。辐射面积太大啦，找个人把这个弄弄。学校太有历史，多少年以前一直到现在。

采访人：啥时候建的？

受访者：说不好。

采访人：撤了几年了？最后一任校长是您吧，保存什么档案没有？

受访者：零五年撤过去的，没有文件。找李亚春吧，他是这村人，八十多了，说话好着呢，原来在教育办公室专门写材料，让他将将韩指挥营学校的发展，问他您小学时候学校什么样，以后什么样，覆盖面积多大。好多村到这来，河北省都到这来。是中心，全镇来这。

时　间：2019年1月21日
采访人：刘紫奕、张晰森
受访者：大王古庄镇文化站工作人员
地　点：大王古庄镇文化站

采访人：请您谈谈本地的文化特色？

受访者：就是戏曲、舞蹈，京剧有近200年的历史了，评剧也有80多年了，一直都是民间的，但都是专业的师傅传承下来的。评剧传承人是80年前的北京天桥的当红艺人，被人下药嗓子坏了，唱不了了，就到了乡下成立业余剧团，他叫高兰闲，祖籍是河北安平。他没什么文化，就是口说口递传授，光凭脑子记忆，传授不下几十种剧目，戏曲是上辈人传过来的，现在仍然在传承。

采访人：现在戏曲发展得怎样？

受访者：改革开放以来，外来文化冲击不小，年轻人很少喜欢戏曲了，现在传承这门艺术的，最年轻的也是四十岁以上了，咱们文化站现在每年五一到十一，差不多每周两次，在村北大道口搞戏曲活动，引来上千人观看，就为传承戏曲。逐步吸引年轻人喜好戏曲，学习戏曲，达到传承的目的。

采访人：除了戏曲以外，还有什么文化类的艺术？

受访者：评书，快板，刘校长搞这个，刘加臣校长说得不错，他的学生就有十几个。

采访人：戏曲还有什么种类？

受访者：还有河北梆子、京平梆子，京剧学起来有点儿难度，跟唱歌相比，京剧像美声唱法，评戏就像通俗唱法，好学，容易唱，也容易接受，是反映人民生活的戏剧。京剧深奥，年轻人不好理解。样板戏都能听懂。

采访人：具体到韩指挥营村的文化氛围，有什么特色的东西？

受访者：咱们就是一个秧歌队，以前有40多人，现在也就20多人了。广场舞也就20多人，其实就是跳会那帮人，有时天天跳，就是锻炼身体。村里还有一个南开书屋，参与的人少。体育健身设施应该在今年五一前安装上。

时　　间：2019年1月22日

采访人：赖彦存、顾斯卿

受访者：王国庆（87岁）

地　　点：韩指挥营王国庆家

采访人：听说您当过知客，您说一下您的经历吧。

受访者：我说的经历比较乱。我1948年当红小兵，解放后知客逐渐不兴了，现在结婚也不坐轿了，改坐车了。白事也兴火化了，知客也没什么事了。我就一点点地退了。逐渐让给年轻人了，让给后街的刘世懿了。后来，就有人组织像现在的一条龙什么的。过去生产队没钱，吃都吃不上，还顾得上这个！过去挣工分，最好的生产队一天挣三毛钱,家里还过日子,吃什么?国家那个时候也不进钱(没收入),那个时候没有什么税收。我干知客大概四十年得多,打二十三四岁时就干知客,四五年前这才退了,因为岁数大了,干不动了,别人请我还得叫人搀着我。

采访人:过去结婚的流程是什么?您能给我们说一下办婚礼的完整的流程吗?

受访者:(回忆一会儿)在不让使轿后,远的用马车了,近的也坐车。过去结婚没像现在这样抱着,还亲嘴什么的。介绍人不是知客,知客是司仪。单有一个证婚人,是婚礼中地位最高的。有记录的程序,第一项怎么样,第二项怎么样等。新人要给老人鞠躬,谢谢介绍人,还有夫妻互敬。完后主婚人、证婚人、介绍人退席,留下俩人。对了,我(知客)这会儿也逗两句,问问怎么认识的,会不会跳舞啦,完后大家退席,俩人入洞房。喜包扣着,现在叫喜包,多少是没有定数的,两个没结婚的小孩拿着。两个小孩拿着扣着的钱,进屋不能拿手推,要用脚踹。要有二斗红高粱,白高粱不行。门前还要垫石头,这叫步步登高。进去要上炕,从炕头上,从那边下,要童男童女,男的拉男孩,女的拉女孩。完后就是给亲戚行礼,亲戚就掏钱吧,两个新人就敛钱了。我遇到过这样的,一方是承德张家口那边的,风俗不一样,得先谈判,用那边的风俗,两边各说各的理,咱们知客就是一个调解嘛。

采访人:知客的报酬是怎么样的?

受访者:没有,我们那时候没有。

采访人:离婚改嫁的一般就不这么操办了吧?

受访者:有,很少。

采访人:听说您知道不少过去的事?

受访者:我倒没什么。我父亲有点儿文化,会瞧阴阳宅,盖房、婚丧嫁娶摘日子,外号称为军师、土圣人,方圆五十里左右的都找他瞧。

五神庙和土地庙,那里原先有个大地主,姓葛,外号官称葛九爷,他有个儿子叫葛大胆。武清县谁来做县长,必须先请他,他就骑马进西门，站岗的见了韩家营的葛大胆来了，有牵马坠镫的，跟唱戏里的一样。武清县没有北门，只有三面门楼子，和乾清门、永定门一样的门楼子。

我们武清县韩指挥营村的白薯，味道很独特，可惜现在没有地了。

我这东边原来有大堤，这就是浑河套，从卢沟桥往南，水是清的，卢沟桥往北，下面有一个闸口，水是浑的。打这往南总涝，韩家营这还糙地呢！下来枣林庙，那都这么深水了，那还糙地呢！

韩指挥营村不简单的，立这个村子的就是这个韩家，那个坟就在这儿，我的房后头。后面两家那儿，他是给韩家看坟。在西南角有这样一个牌子，韩家祭祖时弄着整个猪，弄着大车拉的小米。闹奉军时，路过这里，军长、师长对着这牌子打立正。

武清县八百八十村，有个距辛庄，有个大庙，没庙不算村。

采访人：武清这里还有什么事？

受访者：武清过去城门楼子有三个，八路军打武清县打三次，我全赶上了。武清这才解放。我四八年当红小兵，开始斗地主富农，当时武清的县城城门楼子就像北京乾清门，城墙很厚。原先城关有一个鞋厂，叫雍阳鞋厂。杨村那里有一个地方叫沙锅堆，乾隆下江南时路过这里，听说后认为不吉利，要给平了，有大臣说没事，这后头还有地方叫保驾营。这也是历史。

采访人：咱村里原来有五个庙，是吧？

受访者：大庙是七几年才扒的，我七岁就在那里上学，挂的是神仙画像，这边还有娘娘庙，这边还有一个菩萨庙。五神庙在西北角，还有一个土地庙在紧西头，跟五神庙对着呢。我是不信鬼，鬼都是用来吓唬小孩的。

采访人：有歌谣什么的没有？

受访者：有。打夯时候，碌碡用两木杠夹上捆牢，十四五个人一起打，中间一个喊号子，就是那个打地桩的那个，拉着那个碡一头六个人，旁边有人维护着，不能碰着别人，我就是那个人。还得有人帮着我，这是左膀右臂。我得喊号,还得动脑子。跟唱歌似的:"颠儿簸儿地起来——哎嗨哟啊!""往东走哇——哎嗨哟啊!""颠儿簸儿地起呀,慢慢地来呀,往前走哇,哎嗨哟啊!"这叫劳动号子。这十多个人,就得这么喊号子,要不拉不动。迈着步,像练体操一样。

采访人:咱这儿的节日就这么几个吧?

受访者:娘娘庙,按阴历说,九月九,不添小孩的,就是求子的,到那烧香。还有一个老太太,瞧仙的,开的药很有效,偏方也有,正式的那个大药也有。我简单记得几味药,有甘草、龟尾、赤芍,剩下我记不清了,这是在册的药书上说的。黄芪有生黄芪,有熟黄芪。生黄芪不是人吃的,是硬的,一般人接受不了。原来有这样的书,有记载,"文化大革命"时候一把火全烧了。

采访人:您看起来身体挺好的,平时怎么保养身体的?

受访者:我平时身体还行,没什么大病,有点儿小病用点儿土方自己就解决了,比如这大蒜,我顿顿离不开。我还不忌口,而且还贪凉喜欢吃凉的。喝凉白开,不喜欢喝茶。我还好喝酒抽烟。我有个习惯,早上喝酒。一般人是早茶、晚酒、饭后一袋烟,这一个村,可能就是我早上喝酒。抽烟是抽自己种的烟,烟只种一季,不讲究卖,就自己抽了。

时　　间:2019年1月23日

采访人:赖彦存、顾斯卿、张晰森、刘紫奕

受访者:荣一

地　　点:韩指挥营村大队部

采访人:村里现在有多少地?

受访者:大约500多亩吧,35万平方米。

采访人:气候有什么特点?

受访者:没什么特殊的,我们这里比天津降水稍少。

采访人:您说说村里的环境卫生状况吧,绿化、污水处理、厕所改造等的情况。

受访者:村里的绿化还可以,覆盖率大约百分之三十到四十。污水处理啊,以前没有,自然排放,流道上。村东北口新修了一个污水处理站,大约200多平米。去年七八月份投入使用的。厕所,零七年改造过,改成水通式的了,那时候比较简单,化粪池是用洋灰板一凑,弄成蓄水池,分三个段,各家蓄水池满了,找专门抽的,给抽走。一八年的九月份,武清区在我们村搞试点,搞比较高级的水通式厕所,目前正在进行中,预计一九年改造完毕。

采访人:村里人们收入是以什么为主?

受访者:村里的土地已经被征用得差不多了,村民主要都去京滨工业园打工,岁数大的主要靠粮补。从农业为主转到现在的模式大约有十年了。现在也就还有一百多亩,而且都不适宜耕种了。现在种点苗,为拆迁多补偿点。村民在外打工最低也是三千元,两口人一年七万二,再加粮补七千二,一家人一年小十万块收入。再加出租房屋收入,也还可以。年轻的家庭一年八九万收入是没问题的,年龄大的就不好说了,也就三四万元吧。

采访人:村里的生活用品采购?

受访者:平时村里有些小商店,日用品的供应是没问题的,每月还有好几次赶集,商品交易还是比较活跃,满足生活需要是可以的。最早的时候是供销合作社,后来改革开放以后就是小卖部,2000年左右就有了超市。

采访人:村里的社保情况怎样?

受访者:社保已经覆盖到全体村民,商业保险参加人数没那么多。

采访人:村里的财政收支情况怎样?

受访者:村民的个人收入还可以的,但村集体的经营性收入很薄弱。

采访人:2005年有一笔偿还债务是吗?

受访者:是用卖树偿还的债务,村里的收入除了卖地就是卖树了。

采访人:村里有什么手工业?

受访者:有一种扎花,有厂子派给个人,扎一朵花一毛钱,至于厂子再卖多少钱就不知道了。就相当于让村民给代工。扎得好一天能扎四五百个,收入四五十块钱。

问:村里的卫生有专门人员打扫吗?

受访者:招投标找的一家公司。过去有一家清洁公司,干了小半年后,觉得亏,不干了,只好又招投标。这次不光针对公司,还有个人了,主要招外村人。这个价格咱们村人大多不想干。

采访人:新农合是什么时候开始的?

受访者:我从一六年接手,那时候就有了,十年左右就全面覆盖了。除去国家正式职工,都给上了新农合了。今年能报销55%。在镇级以上才能使用。

采访人:农村淘宝发展得怎样?

受访者:我们村就一家,发展得一般,用处不大。都有手机了,用手机更方便,还有很多人不会用。快递在那里是个点,有时在桥头让人来拿。有在聂营那边,有在大王古镇的,也有到村委会这里的。

采访人:村里体育娱乐方面怎样的?

受访者:村里原来有人组织过跳会,也有自己组织的文艺汇演的队伍,这个队伍叫什么我们也不知道。有广场舞,也有踩高跷、秧歌,应该是同一拨人。村里有乒乓球俱乐部什么的,人也不少。村里很普及乒乓球的。羽毛球也很普及。有时还有人拿着音响、麦克风唱歌,小一百人参与。有听的,有唱的。

时　间:2019年1月23日

采访人:张晰森、刘紫奕

受访者:不知名(73岁,老木匠)

地　点:韩指挥营村爱民东道

采访人:您干木工是在什么时候?

受访者:六几年、七几年吧,那时候我们干活,管三顿饭,一天挣五毛钱,能买半斤多羊肉。

采访人：咱们做木匠主要是做家具呀，还是其他什么的？

受访者：盖房，做家具。

采访人：我们先说盖房吧，咱村的房子哪几块是需要木头的？有什么有特点的东西？

受访者：房顶、门窗等等都是木头，咱们北方地区盖房雕花少，就是大木架，偶尔做点儿花活吧。现在用什么塑钢、铝合金什么的，原先不都是木头么？村里现在房屋大都是木头的。那时候四梁八柱的也是，多是用坨，搭架子，木工得先立架，连这个坨都支上了，再上瓦工，包砖。八几年四梁八柱少了，坨也少了。

采访人：那家具呢？村里好多家里还是使用木质家具。我看到有一家家里的木家具都二十多年了。

受访者：比二十多年还要早，那时候人们结婚呀什么的，都要打家具，一直到八几年就完了，各地家具厂就有了，人家的家具又光滑，瞅着又好，就是没自己打的结实。人家的是成批的做，比你这打几件的要省人工。过去自己打家具靠的是人多，人海战术，比如谁家结婚，要一个柜子，把尺寸、样式说好就行了。

采访人：家具的雕花花纹样式都有什么？

受访者：咱们这里没什么特别的，不像南方那边，专门刻画这个。那时候生活条件不行，结婚糊弄能用就行，没那么多讲究。我这里也打什么炕桌、椅子、凳子什么的，都行，就是这刻画不行。木头就用家常木，一般就像这槐木呀什么的硬木。

采访人：家具摆放有什么讲究吗？

受访者：要论迷信说法，什么不能睡坨下、不能朝门、厕所在西南角，户与户都不一样。不过不信这个也就过去了。要说茅坑朝南最好。房子的格局也是什么样都有，有中间是客厅的，也有进屋东屋就是炕，上炕说话的。没那个条件的，习惯也在改呢。正房要比厢房高一些，这是讲究。正房住的是老年的，晚辈住厢房。东厢房住大儿子，西厢房住二儿子，倒房住小儿子。炕基本是朝阳面的。最早先全都是朝着窗户那边,门跟门对,窗跟窗对,往后(指朝北)开窗的几乎没有。现在也有往北开窗的了,是为了出租需要。严格按风水来说,来的门(屋门)也不能完全对大门,要往东错开四寸。

采访人:村里有专门相风水的先生吗?

受访者:原先有,现在没了。

采访人:村里现在的住房设计有什么讲究吗?

受访者:这是人家包的活,统一设计的,建设美丽乡村。

采访人:门开多大有讲究吗?

受访者:有啊,现在不怎么讲究了,原先有门尺,现在都失传了,过去的木匠是有门尺的,八道星配八道门。星和门配不对,那犯什么病的都有。我当年学徒的时候见过这种门尺。

原先盖房,要先打框,然后盖房,然后打芯,就是门窗。现在这村里房子,老房子不多了,超过四十年的房子都很少了。按老年的说法,超过六十年,房子自己就偻了,风化没人要了。

采访人:您今年高寿? 看您身体挺好的。

受访者:今年73了,身体还是很好,主要是松心,没事别着急,自然身体好。没事多遛弯,散步。主要还是心情问题。有点小病自个买点儿药也就好了。去杨村(县城)看病有医保。

采访人:您这里有没有方言?

受访者:没有,我们这里不靠天津不靠北京,没方言,也没有什么俚语。

采访人:咱村有什么故事吗?

受访者:传说燕王扫北时候有一个指挥官姓韩,指挥过七十二连营,到底是真是假没人知道。

采访人:大爷您平时遛弯的时候,碰到一个熟悉的人,可能是好友,您平时是怎样和他打招呼的?

受访者:不就"干嘛去啊?""溜会儿,溜会儿。"就过去了。老见面就这两句话。你要是压根儿不见面的,下车,"干嘛去啊?"老不看见了,

"忙什么呢?"恁几句,"挺忙的",就走了。不就这么回事。你要是碰上多少年没见面的,你要是老乡亲,骑着车,说句话,"干嘛去了?""刚回来!""吃了?"两句完了。你要是在道上碰上熟人,三两句不下车。生的,老不见面的,下了车,顶多说几句就过去了。

采访人:平时有哪些娱乐活动?

受访者:县里有电影队,一个月得有一次,到各村放电影。现在看的少了,都有手机了。跳会的有时候也有的。

采访人:我看村里电动三轮挺多,那一般出村会选择这种交通工具,载个人?

受访者:那一般老人都有。咱们出行是自行车,小三轮,然后远一点儿的地方就开车(汽车)。

采访人:那咱们村附近有公交吗?

受访者:有公交,门口有17路,那也不方便。坐公交很少。

采访人:那咱们出门有什么讲究吗,会挑个日子吗?

受访者:今儿有事挑日子有什么用。今儿出趟门挑日子没用。

时　间:2019年7月16日

采访人:赖彦存、顾斯卿

受访者:唐秀林(70岁)

地　点:韩指挥营唐秀林家中

采访人:您是从什么时候、在什么情况下开始练太极的?

受访者:我参加工作是1970年,当时练习的武术是通背拳,我在练通背的同时是搞照相工作的,那个时候照相屋子比较宽敞,都是大屋子。照大合影,一般需要空间,需要屋子大,所以利用这个机会练习通背。晚上练习。练了九年,到七九年,就开始接触太极老师,姓张,叫张万生,这个人在武清一带很有名。咱武清县最有名的叫鼻子李,这是个拳师,正名叫李瑞东。这人功法相当了得,在清朝的时候给慈禧当过保镖,练习李氏太极。我刚开始练习太极时,是跟张万生练习,从七九年练到现在,几乎没有间歇过。

采访人:听说您在村里招过几个弟子是吗?

受访者:我的弟子十多个人,不到二十个。

采访人:他们和您学太极是吗?这对于身体健康是不是很有帮助?

受访者:是,应该是这样。有个人已经七十三四岁了,身体还相当好,他的身体过去不太好,打学了太极以后,练得比较诚恳,因为练功这块,什么叫功法啊,就是时间的积累。他每天坚持练功,现在身体锻炼得相当理想。

采访人:那咱们是在哪儿练的?

受访者:我屋外头就可以,我们长期活动在村北口学校那儿,学校门口。

采访人:那您一般就在早上和晚上组织一下?

受访者:早上有时候在院里练,有时候叫孩子们在屋里院里练,有时候去那儿。

采访人:那你们有搞过集体活动吗?

受访者:一般的情况是,我们的集体活动是有的。因为这人不齐,干什么的都有,这属于我们的业余爱好,不是专业的,各有各的工作。有时候礼拜六礼拜日召集大伙练一练,有这可能。人数参差不齐。你看有我们村的,有别的村的,还有外地的,有离我们二百里地的,有在天津的,有在廊坊的,都有。

采访人:也就是慕名来拜师的吧?

受访者:有的是通过人认识,通过别人介绍,慕名来的,是这样。

采访人:太极在村里面大概发展了多少年?

受访者:在村里面,我的学生一开始很多,随着年龄的增长,我都七十岁了。我这帮弟子,有的岁数比我大,有的岁数比我小,有的还在坚持练,有的生活所迫,练了半年就不坚持了。其实和我练,最旺的时候在九三年,那时候不下五六十人,这各个村的人都和我练。后来为什么练着就歇了呢,原因有两种。来练的人络绎不绝,亲朋好友都有人送,这送的人我是不收钱的，都是义务教育，后来就形成声势了，扰民了。四五十人，我房子怎么弄，只能又加上后面的院子。学这拳的人岁数都不大，三十岁以后练太极，年轻的时候都练一些硬东西，练这些要发声，练少林式的时候会有吼叫，声势整齐，前街都能听到，这就扰民。晚上，这附近的人家十一点前都不能睡觉。还有原因就是，有的学生不学好，人又多，在这期间有些就打架，做一些违法行为，学生学了武术犯错，我有罪，所以从我做起，收山了，后来也就没了。

采访人：那您平时是咋练的，就打着桩吗？

受访者：我这不需要打桩，就出去练。三十岁以后身体沉稳下来就适合练太极了，现在的你们，就适合练一些硬家功夫，像少林、通背、六合、金刚等。到了岁数，练太极是不受年龄限制的，它分中架、高架、低架。跟我学的人岁数都不大，都是三十岁以后的，还有不到三十岁的，都适合。在这一块，练太极成风。这儿是曲艺武术之乡啊。

采访人：这儿为什么是武术之乡啊，我们住在这儿几天了，没有这种感觉啊。

受访者：以前城关是武清的老县城，五七、五八年才搬到杨村去的。"从南京到北京，功夫属瑞东。"这儿练李氏太极的人很多很多，但成了名的人并不多，一些只是爱好者。

采访人：那咱村就有学太极的风气是吧，那您估计平时打太极的有多少人啊？

受访者：有这风气，有十多个吧。

采访人：岁数也就和您差不多是吧？

受访者：有我的弟子，也有我的师兄，参差不齐，徒弟比较多一些。像诊所的医生谢凤宁他就练太极，他是我徒弟。

采访人：我们前几天刚采访过他。

受访者：他是我徒弟，平时以练太极为主。

采访人：您说的李氏太极，除了您一个师傅，还有别的师傅吗？

受访者：有啊，李氏太极在我看来分四大支派，但都是一个宗师。

各个村都有。

采访人：那咱们这儿有什么协会交流交流什么的吗？

受访者：目前看几乎没有，有时候慕名看一下，称他师兄也好，师弟也好，交流交流武技，这倒有时候有。

采访人：您刚刚说村里还有您的师兄是吧？

受访者：大部分都是我的徒弟。有一师兄，七十三了。这村好武的风气是有的。

时　间：2019年8月20日

采访人：赖彦存、顾斯卿

受访者：唐秀林

地　点：韩指挥营唐秀林家中

采访人：李氏太极的修炼方式是怎么样的，就比如说您之前是学武的，您的学习过程是怎么样的，您是从什么时候开始、怎样练基本功，怎么练习太极拳的？

受访者：我本人是从七一年开始的，一开始练的是通背。练到七九年，开始接触太极拳。通背拳是刚猛动作，和这个太极拳道理就不一样了，练的是冷、弹、快、脆、硬，这是通背的特点。你看太极拳呢，它就不是这样了。它练的是舍己从人，练的那个模式不一样。当时接触太极拳的时候，我的老恩师，天天到我们这儿去。我从1979年开始练这拳，一直练到现在。几十年如一，几乎没有间断过。

采访人：那您能不能介绍一些更加具体的东西，您比如说学武吧，每天就有日课，您的日课一般做什么呢。

受访者：日课怎么说呢，我的徒弟都有体验。从四点钟就起来，起来以后呢就到广场开始练，把我教给他们的都练练，一直练到七点半左右吧，这才结束。先把通背动作熟悉一遍，再练太极，这就需要三个半小时到四小时吧。天天如此，从来没有间断过。

采访人：那您是真心喜欢这东西是吧。

受访者:真心喜欢。所以好多我的这个弟子,包括一些朋友,也都爱好这个东西。跟我练这行的这些人,目前看,不下于50人。其中有还没有进门的,很多是没有进门的。这是不一样的,不进门的叫学生,进门了为弟子。

采访人:什么是没进门的呢?

受访者:没进门的,就是没有拜帖,没有拜师父的,这都叫学生。你教了教,他会了或者先练着,都叫学生。像他们(旁边的弟子)进门了,拜帖了,就是师徒相称了。光叫老师的是学生,叫师父的是弟子。他进门了,就是我的弟子了,他有赡养我的义务,而且我可以严厉说,严厉管,说什么无所谓。学生你就不能这样做了,不能打,不能骂,因为是学生。要是弟子,就不一样了,弟子就跟亲儿子一样看待了,你该说的说,该管的管。就这区别,而且有拜帖。

采访人:拜帖是什么呀?

受访者:拜帖就是一种承认。递了拜帖以后,他就有权利承担我的东西,而且要继承、发扬,这就是拜帖。就好像宣言一样,拜师学一绝,拜师之后如何如何,就跟这道理一样,有了担责和责任了。

采访人:那具体有什么仪式吗?

受访者:有啊,我上那儿一坐,他们就一齐向我磕头啊。先给祖师爷磕,然后给我磕。

采访人:在哪里举行呢?

受访者:在家里有,在我徒弟那儿一个大的厂子里,它是一个大的车间,这车间很大很广,在那儿举行。这仪式收徒呢,一回收一个、两个、五个,都有,必要的时候举行这个仪式。先给祖师爷磕头,磕了以后,这弟子,再单独给我磕,这就入我的门了。也就算弟子了。不进门叫学生。乐学学,不乐学你可以不学,这叫学生,这个道理就不一样了。对弟子来说,老师就是你父母,你要继承老师的东西,发扬老师的东西,这是作为弟子的义务。但学生就没有这个义务了。

采访人:那您平时收弟子,有什么考核之类的吗?

受访者：那个没有。但注意这事。收弟子之前，首先来讲，一般不是当时就收。你真想练武术吗，是真心的那我考核你三年，我考核你最低不能低于二年，你真是那块料，你真心想学东西才行。首先，先考虑做人，你连人都做不到，学东西怎么学啊。你学了之后为非作歹，做些对社会不利的事，那就糟了。所以考核这人是关键。这个人很诚恳，很忠诚，是有用之梁，你可以重点培养他。考核两年以后，这孩子相当不错，从品质上，从做人上，从为人上，各方面都很到位，可以纳为弟子。他就写那个拜帖啊，拜帖写他的年龄，自己的酷爱，甘心情愿拜谁谁为师，进师门以后，如何把这个发扬光大，一辈子永不叛师，永不叛门。有这仪式就行了。然后呢，给祖师爷磕头，给师父磕头，然后到师兄这儿来，给师兄磕头，给师大爷、师叔磕了头，大伙一吃一喝，就算这门人了，这是仪式。

采访人：那您刚刚说考核人很重要，那天赋是不是也很重要？

受访者：一是天赋，一是人，人是关键的关键，这人是不是那材料。所以说，做人比什么都重要，人必须要正派。

采访人：那如果他比较瘦弱，有病在身呢？

受访者：那不是关键，学武本身就是由弱变强嘛，他身体很弱，跟病秧子一样，他练武的本身就是想强身健体。咱就是把他身体搞得相当强壮，为国家、为家庭如何效力、出力。有一个前提不就是身体要强壮吗。这是咱们的目的。身体弱，并不可怕，只要是练了武术以后，老师指导正确，他练得正确，就会由弱变强的。

采访人：您刚刚说您练通背的时候，您是当时好奇去练还是其他什么原因？

受访者：因为那时候和你们岁数一样，21岁刚工作，高中还没毕业，就在城关搞照相。那时候老师一提出来练武术，心里相当美，本身相当酷爱武术。没练武术之前我就运动员出身，我百米拿第一。参加工作以后本身爱武术，一直练武术的，找武术老师，相当不好找。到城关以后，才真的有武术老师。我的通背老师叫任俊儒，跟着他练通背。后来拜张万生老师,练太极。我一生拜了两位老师。我教弟子也教两科,先教通背后教太极,都是那样。

时　　间: 2019年8月30日
采访人: 张晰森、刘紫奕、顾斯卿、赖彦存
受访者: 宋文奎
地　　点: 韩指挥营村大队部

采访人: 上次我们聊到了野菜,那我们还想多了解一下,野菜有什么种类,具体怎么食用的?

受访者: 种类很多,现在没人吃了呗。马齿苋、苋菜、人心菜,醋溜(音),记不起具体叫什么了,就是每块叶子都有黑斑的那个,有点儿毛那个。

采访人: 那平时怎么吃呢?

受访者: 一般都不生吃,剁成馅,蒸锅里。荠菜现在也有,原来我小学那会儿没有荠菜,现在也有人吃。

采访人: 现在这野菜上哪儿采去啊?

受访者: 现在没处采了,以前哪儿都有。还有燕子苗,燕子苗就是那种和小喇叭花似的,吃那根,根能煮着吃。吃这个根的时候是春天,春天到地里头刨,刨燕苗根。咱这地,战国的时候叫燕国。燕这个名,现在说北倚燕山,燕山先得名还是燕地先得名,就互相验证了。也有说法是燕子苗,这也是燕。

采访人: 那我们除了野菜,建国后,我们这儿主要的农作物是什么呀,都有大概哪些啊?

受访者: 玉米、小麦、高粱、谷子、大豆、小豆。大豆一般指的是黄色的那个,别的色的也算。青色的青彩豆,白彩豆稍微发白一些,还有黑皮的黑豆,属于大豆。小豆是红豆、绿豆。

采访人: 那一般大豆是吃得多还是榨油多?

受访者: 吃得多。

采访人：还有什么主要的粮食作物，像土豆什么的？

受访者：土豆也有，那时候不多，当菜也当饭。白薯、番薯。

采访人：蔬菜有哪些？

受访者：白菜、萝卜，萝卜分很多种，红的、白的、绿的、黄的，基本都有。葱、蒜、韭菜、撇子（皮兰）、蔓菁、菠菜。

采访人：那水果呢？

受访者：咱北方不就是桃、杏、李子、苹果、柿子、石榴。

采访人：中华人民共和国成立后，咱们的农作物有没有什么变化，饮食的变化有没有？

受访者：早些儿，棒面是好的，白面吃不了几天，没多少。那时候没有水源浇地，产量不行。后来高粱跟棒子，吃这个。谷子也有，少量的，家家种谷子。给牲户吃草，所以种谷子。还有粘谷，少量地种，做粘饽饽、元宵的。

采访人：那什么时候开始吃白面就多了？

受访者：主要是改革开放以后，以前吃不上多少白面。

采访人：中华人民共和国成立以后，咱们人均土地占有量是下降的吧？

受访者：肯定是下降的。解放初期几百口人，现在都两千口人。地越来越少，人增地减。

采访人：咱这儿有什么经济作物？

受访者：花生，榨油的；棉花、棉花籽也榨油。烟草有，家家种，现在没人种了。

采访人：当年什么时候家家种？

受访者：我小时候就家家种，那时候都抽烟嘛。

采访人：那什么时候不种呢？

受访者：后来就是没了地，就不种了，抽烟现在又受限制。现在还有一家种的，前几天我瞅一家有，西口那儿还有一家有。

采访人：烟叶种植在1949年前就有吗？

受访者：那不是新大陆时候来的烟草嘛。

采访人：我们种烟草什么时候最兴盛呢？

受访者：那时候就是说从中华人民共和国成立到家庭联产承包责任制实行以前，卖烟的弄几个零花钱。那时候养几只鸡，下鸡蛋吃，换点儿油盐，种点儿烟换油盐。

采访人：那咱们这个烟品质怎么样？

受访者：烟的品质种类是不一样的。从生物学上分类有红花的、黄花的。黄花的叶子长，红花叶子短。那"蛤蟆烟"叶子颜色深，黑绿黑绿的，劲儿大。那个时候用烟袋。

采访人：咱们村1949年以来和周围村比，生活水平怎么样？

受访者：差一些。那时候，这儿北边大营、聂营、韩营，说起来口语就变成了大爷、二爷、三爷，就是这么说的。种粮不够吃的，春天的时候吃一个月粮食，拿粮本买去，人家就喊大爷二爷三爷的。

采访人：这种现象什么时候没有了？

受访者：后来实行责任制，承包下来不就收多了嘛。实行责任制之后咱们的温饱问题就解决了。

采访人：村里有没有什么集市啊？

受访者：集市原来没有，都是城关赶集。

采访人：什么日期啊？

受访者：一三六八，按阴历，十天四集。

采访人：大概离这儿多远啊？

受访者：原来斜着走，六里地。现在直着，集挪到东门外，十多里了。现在还有人赶集。村里卖东西的也有。开电动车按日子去赶集。

采访人：都买什么东西啊？

受访者：有买也有卖的。以前在城关街里头，以城关的街道摆摊卖东西，那时摆摊分成个什么市，粮市、菜市、烟市、鸡蛋市啊、鸡鸭市啊、木头市啊，哪条街卖什么分开的。后来挪到城关东北角待几年，现在东门外面去了，修公路以后挪的。这公路早就有了，解放后修的，那时候是土路,现在不是越修越宽嘛。

采访人:您上次和我们聊的时候说,咱们村比较注重过四月节庙会,前街过四二一后街过四二八对吧。那您详细和我们讲讲庙会具体是怎样的?

受访者:原来是迷信的东西,庙里头供着神,善男信女要烧香,有做买卖的,大娘孩子买吃的也来,一个文艺,一个迷信,和这个商业结合起来。你这儿有庙会,卖东西挑子全来了,逛庙会的人看节目,跳会,然后买点儿东西,孩子啊看热闹,真正烧香上供的没多少人。

采访人:那些卖东西的商贩这两天都会来吗?

受访者:哪村有庙会上哪儿去,就是看热闹。善男信女的到那儿磕个头,一般干这个,没有其他的。

采访人:为啥过庙会的日子前街和后街不一样?

受访者:这个真说不清楚,它就不一样,就是四二一和四二八不一样,剩下都一样,像八月十五、清明都一样,就是四二一不一样。各村和各村都不一样。约定俗成的,就是这意思。

采访人:前街和后街是怎么划分的?

受访者:前街规格小点儿,这一点属于中街,中街我们这道往后去,就是后街。很早就分出来了。中街过什么节不知道,可能随意的。

采访人:咱们这儿的人还会赶其他的庙会是吗?

受访者:旧县那儿有个东岳大帝,东岳庙的庙会。旧县那儿,原先是城关当县城之前的县城。也三里长街,大村子,四四方方的。

采访人:咱们村平时有什么娱乐活动吗?

受访者:晚上妇女跳广场舞,就在学校前面,别的活动没有。没有戏曲。跳会以前有,弄几年就没声了。

采访人:我看咱们大队旁边就有打牌的,您知道他们打的是什么牌吗?

受访者:不知道,我不好这口。他们就玩扑克,一堆年轻人。有时还骂起来,闹。

采访人：小孩子平时玩什么呢，您小时候是怎么找乐子的呢？

受访者：踢球打嘎，就这个。夏天去玩水的，游泳的。家里都穷，买不起什么玩具。夏天的时候，弄点儿杏，吃完了弹杏核，就玩那个。

受访者：弹球、打嘎、跳阶台、跳房子、摆方子，还有那个男女什么二五七，还有那个什么挑起架子，二人打虎。下雨这个坑快干了的时候挖胶泥，摔炮。能摔的，泥越来越大；不会摔的，泥不响。

采访人：您小时候有什么儿歌啊，就比如哄小孩子睡觉的歌有没有？

受访者："狼来了，虎来了，和尚背着鼓来了。""哦哦哦，睡吧，睡觉吧！"再就那个："铜盆儿铜碗儿铜大缸，掸瓶帽镜大皮箱，茶壶茶碗儿茶盘子，被窝褥子门帘子，周凤跟着周园子。"咱们村有，别的村没有，周凤是这村人。周园子是这村要饭的，具体怎么个园子不知道，就是起的外号，这人个儿挺高的，没文化，要饭吃。就是用来哄小孩，吓唬小孩，小孩子不睡觉嘛。儿歌啊，找老太太能说出来。

采访人：您知道哪一位对儿歌比较清楚？

受访者：都模模糊糊，现在不兴这个，早就绝迹了。那时候没什么可说的，没文化，瞎编嘛，编完了哄孩子，让孩子听说睡觉。

时　间：2019年8月31日
采访人：顾斯卿、赖彦存
受访者：谢林（73岁，村民）
地　点：韩指挥营谢林家中
采访人：您知道韩营怎么立村的吗？
受访者：那年头久了，我觉得有几百年历史。
采访人：听说八几年给村里立过碑，和韩营历史有关。
受访者：据说在这打仗，路过一个指挥官在这建兵营落脚，叫韩指挥营。老人说村这么来的，据说是几百年之前，什么年代说不清。桥头立过碑，现在没有了。以前桥头南面、路西河边，是有个碑，据说上头给立的。我回忆是生产队刚散，30年以前了，早没了。现在村口的大碑立了三年了,写着韩指挥营,大门似的(指入村牌坊)。以前那个碑修道时候碍事就推旁边去了。

采访人:您小时候村子是什么规模?

受访者:大体就是这样,没这么好,过去是土街道。后来修杨武公路,去年又铺上了砖。我门口的洋灰路年头不少了,这是正街道,大体在八四年秋后修的这条公路,我掌握修的。

采访人:村外面的河什么时候挖的?

受访者:那是四干渠,是撤水渠、排灌渠,五几年人工挖的,推测是五六、五七年挖的,夏天下涝雨了撤水,春天上面来水浇地。大约七八公里,自南向北流,在北边有一个闸。从龙凤河流出来的。

采访人:您以前是做什么工作的?

受访者:30多年以前,我是生产队小队长,后调大队当生产主任,生产队没了之后是负责调解这块工作,管村里打架斗殴分家不平的事,岁数大了就下来了。

采访人:您当生产队长具体什么时候?

受访者:八二年以前生产队大伙全在一块干活,地没分。

采访人:八二年以前您一直在生产队干活?

受访者:八二年以前,以生产队为基准一块干活。

采访人:您进生产队具体什么时候?

受访者:我好像七零年进的生产队,那年我24岁,社员大伙选举的。

采访人:咱村生产队成立是什么时候?

受访者:我回忆推测着,五六年就入生产队了,那时我七八岁,我今年虚岁73。我觉着那时候我去生产队归东西,锄头、镐、牲口入社,大体是五五、五六年。

采访人:您当小队长时,都种什么?

受访者:八几年生产队时候,地还没分呢,地不在社员手里,集体耕种。后来八几年土地分到社员手里了。那时候,种大伙的口粮,小麦、大豆、棒子、棉花、玉米、花生、谷子都种。后来实行家庭联产承包责任制,土地分给社员,大面积还是这些。经济作物就是种棉花,经济作物可以赚钱。生产队时如果种经济作物多了,社员口粮就不够吃了。生产队时收得少;个人种时干活细、上肥多,功夫到家,粮食收得多够吃。之所以分给个人,就因为生产队时收不了那么多。家庭联产承包责任制一实施,收得多了,生活水平提高了。以前事实就是吃不饱,后来土地包产到户。

采访人:以前种过烟草烟叶吗?什么时候种的?

受访者:种过。在春天育苗,把畦弄得平平的,头一步,把烟籽儿生上,把烟籽儿装袜子里一系,放水里泡着,泡透了,涮涮放一个碗里,上面盖上棉花套,涮几次,不然就坏了。拱出小白芽了,把畦子用水浸透,把白芽撒沙土里,一畦用多少籽儿,不能密了,再把湿沙土撒上,用麻包片盖上保湿,过十头八天露头出来了,有根了。一点点再用杆把它支起来,这样好长。春天育苗,6月15号左右,秧子长成;6月10号麦子熟了,拔完麦子,移栽到麦地里。快白露节就熟了,打完烟,还能种麦子。一年两季,一茬小麦一茬烟。烟产量还不低,一亩地能收四五百斤,干烟,呈黄斓的干烟。现在村里不种了,没有地。以前烟种好,大叶子,拿到烟叶市场去卖。个人有烟袋抽烟叶。种烟我不是外行。

采访人:那时咱村主要经济来源收入是啥?

受访者:收入各户不均。有的户条件好,有工人的,没人种这个(指种地)。没有工人的,就是农民,种地、养猪养羊。还有耍手艺的。大面积以种地为主。以前工人就在县苗圃打工,现在苗圃早没有了。解放后在我们村搞一个点,武清县树苗基地就坐落在我们村,300亩地,村里人去那打工,打工的我们村人多。一征地把苗圃取消了,成开发区了,就在从这看西南边,四合院那里,四合院原来是苗圃的大院。县里从我们村征的土地。

采访人:苗圃里种什么?

受访者:就是产树苗,往外调,调树苗。

采访人:包产到户是哪一年?

受访者：在八一、八二年时，八一年没全分，八一年时舍不得分，慢慢分怕走歪路，后来连牲口棚带队部都分了。

采访人：各家具体如何调整土地？

受访者：按人分，生产队土地数除以人数，五年一变更。到五年时添了人口、减了人口就重新分。好像是1999年还是2000年，有个政策30年不变，就彻底按照人口数都分了。

采访人：原先每人平均几亩地？

受访者：那时大体人均二亩左右。以生产队为基准，有八个生产队，各生产队不太一样，人多地少的就一亩六七，最多没超二亩。现在统一了，人人都一样了，现在是以村为单位。也没有五年一变，当年家里人口变动，秋后直接就变动。

采访人：您了解粮补的事情吗？

受访者：粮补细情我不知道。面上的事知道。搞开发，地征收了，说征收50年，粮补是，1亩地产量按照麦秋750斤小麦，大秋850斤棒子，价格按市场定价，也就是，一亩地一年定1600斤粮食，价按市场价格。不过粮补今年还没按时给呢。租50年我们签了字，也没给我们手续。粮补就是一年给两回，去年每人大体是2亩地，今年不太清楚，还没打钱呢。

采访人：爷爷您身体看着还不错？

受访者：我就是腿疼，别的毛病没有。是出河工累的，睡地睡的，贴膏药一个礼拜贴一回，寒腿。

采访人：膏药找谁贴的？

受访者：大夫，出村，城关北面。

采访人：听说以前有赤脚医生。

受访者：赤脚医生弄不了，没有这草药技术。大医院也是告诉要做手术，我两个想法，一是花钱多，二是害怕做坏了。贴膏药疼能走，做手术花好几万，没那么多钱，手术有风险。我年轻时，一年两季，根治海河，一季两个多月三个月，秋季去上冻了回来，就睡在野地，没有屋子，挖沟,铺草帘,那时艰难。

采访人:过去有什么娱乐活动?

受访者:早些年有看电影,我也不知谁花钱,乡政府拨过来,有放映队,好多天来演一场,还是晚上演,白天不行,因为白天生产队有活。

采访人:生产队劳动时有什么口号、歌鼓劲儿什么的?

受访者:那是文艺方面,我觉着好像没有。主要是干活种地。到生产队我当队长时,来了该干活干活,干好了社员多分,地荒了不行。

采访人:小时候有没有听过什么儿歌,或哄小孩子睡觉的儿歌?

受访者:我小伙子,不了解,有妈妈有姐姐,用不着我,我主要是干活,打草喂羊。那时候就是干活,没有像现在孩子这么享福。我们那时学都没上,孩子们多。

采访人:孩子们玩什么?

受访者:打嘎,木棍子两头削成尖,一搁,用一块板子一剁,起来了就打。画一圈,我打,你往里投,投进去了,板子交给你,你打我扔。还有弹球、踢球。还有,鞋拔下来,朝土里一栽,这儿栽一个,那儿栽一个,拿鞋冲,叫官打巡美。输了,拿鞋揍脚底板。还有踢板。大了点儿,家里人就不让玩了,得干活,打草喂猪喂羊。小姑娘踢毽。孩子多了,十个八个,就玩藏门歌,藏起来找。还有围一圈,丢手绢。大点儿就干活了。

采访人:以前村里有没有传说故事?

受访者:岁数大的一块讲个笑话,孩子们一般不听,听不下去跑着玩,我不太清楚。生产之类的我清楚。

采访人:您了解知客吧?

受访者:知客就是谁家里办红白喜事给料理事的。

采访人:什么人当知客?

受访者:有威信,别人总找。这个不用专门学。大伙公认,比如婆媳妇,找他来给料理了,一说挺好,别人家有事也找。得到大伙信任。有愿意干的,还有不乐意干的。有还活着的一个知客,他不爱干活,谁家有事吃点儿喝点儿送点儿,闲人当知客,好热闹不爱干活。

采访人：我们还想了解一下村里以前地主的情况？

受访者：地主就是，早先地多，雇穷人干活。姓葛，姓郭。有老地主，有新地主。解放时评成分，早先地主，那时不够格了就不是地主了。实际他比别人还阔呢，就是败家子花了。那户姓李，在家这支吃喝嫖赌败了。另一支在北京，听说叫李大个子，他现在早没了，后人肯定有。北京协和医院，就是他立起来的，现在早交公了。人家开医院了，村里这支倒闭了。这是老地主，后来没了。产生的新地主，姓葛、姓郭。姓李的老地主，解放时候一支上北京了，村里这支解放前就挥霍完了。我记事时，不说要饭，房子都没有了，还有沙地的祝大结巴，那时他们就有手枪。我说的我没瞅见过。老人们传的，我们村这人姓李，破落地主。有这么回事。原来阔，都卖了，卖了钱就花，到评成分时，账面地主就没有他了。

采访人：李姓地主跟村里人关系怎么样？

受访者：我都没有看见过。以前他家的老房子分了扒了，分给上朝鲜打仗的人。就在公路南边，我小时候他家房子还在，之后就分了扒了，分给有功的，上朝鲜的分了5间大房。

采访人：李姓地主有没有剥削？

受访者：他没什么。

采访人：再问您点儿零碎事。赶集主要到城关是吗？

受访者：城关集是十天里一、六、三、八有集。远一点有桐柏、廊坊。这是早先。现在谁还去廊坊赶集！一般赶集去城关，村里也都有小卖部，买卖东西。

采访人：您家有什么老物件吗？

受访者：我是穷翻身户，不是阔户，没有。

时　　间：2019年8月31日

采访人：张晰森、刘紫奕

受访者：荣一

地　　点：韩指挥营村大队部

采访人:咱们村庄土地面积大概有多少亩?

受访者:全算上,就是连村庄什么的全算上,我们村大概是有3900多亩地。

采访人:这个数字以前是不是更多,因为我知道我们现在有好多企业呀来这里出让土地?

受访者:全算上了,包括这些。现在我们净剩土地大概还剩下100多亩,因为村庄占了500多亩地,这100多亩地现在就是我们村的一个公地,剩下都被开发区征用了。

采访人:那是什么时间开始大规模征用的呢?

受访者:那大概是十年前。

采访人:那是以什么样形式,有什么补偿吗?

受访者:当时他说的是一亩地两万块钱,这个钱呢,镇里、区里都摸不着,都存在天津的一个地方,应该是天津的那个农委,那个反正大伙都知道,那钱谁也看不见。然后征我们地,一年分两季来给我们粮食钱,大家经常说的粮补就是这么来的。夏季一亩地给750斤的麦子钱,秋季给850斤的棒子钱,按当时的市场价格给核算。那个两万块钱就永远不动,到时候要拆迁了给大伙上那个养老保险,也就是这么一个说法,那个钱谁也看不到,也就是不直接给发到手里,到时候要干什么事情就给直接用。

采访人:有哪些企业入驻了?

受访者:比较重要的当当网、大禹节水、都市丽人,这些都是我们村的地。还有很多其他的厂,还有一个挺有名的叫聚美优还是聚优美什么的,反正挺有名的。

采访人:那咱们村的土地,包产到户后怎么调整?就是一户人家突然多出或少出一人,这个怎么调整?

受访者:那个时候定的是三五年,三年一回或者五年一回重新分一回地,重新调整。到九几年,那个时候中央不是提出一个三十年不变的政策吗,九几年分完地基本上就不变了,以后新增加的,比如咱们家新媳妇来了,有新出生的了,当时各队留点儿集中地,留十亩二十亩,专门是给这帮人分配的。这个集中地没了,以后就不动了。

采访人:这么多年下来,人均土地面积应该减少了吧?

受访者:那个时候地多,人口少,当时八一年我们村也就1400多口人,分3300多亩地,现在就剩100多亩地,人口增加到了1800多口人,人口增加不是很大,农村一年也就增加十几口人二十口,不是很大。

采访人:那咱们这个村的生活水平和其他村庄相比怎么样?

受访者:要论生活水平来说,我们村的生活水平比他们要高,高点儿。因为我们这村的人比别村懂得享受,你看隔壁村,别的村比我们有钱,他们有钱就是直接存银行,我们村有钱就都消费都享用,我们这个村,风气就这样。

采访人:那如果说财富占有的话哪个村会更富一点儿?

受访者:论财富我们村就不行了,没有相邻几个村有钱,但生活水平应该要高点儿。

采访人:中华人民共和国成立后,我们村什么时候可以达到自给自足,不用依靠国家的粮食了?

受访者:自给自足应该还是要在八十年代,八十年代就自己解决温饱问题了。

采访人:咱们村是不是种过烟草啊?

受访者:是,我们以前外面都种烟草。八一年以前,那个时候我们这里家家种烟,旱烟,大烟叶。

采访人:除了自己用之外,还会到卷烟厂什么地方的吗?

受访者:那没有,估计就是零星的去城关卖,我们的烟叶在城关那里还很有名,方圆几十里,一提都知道我们这里的韩营烟,比别人卖得贵还卖得快,品质就是比别人好。

采访人:那么口碑最好的时候是什么时候?

受访者:那也是七十年代,七十年代口碑很好。

采访人:最后,问您一个关于墙爬子的东西,咱们这个村里以前流传一个传说叫作墙爬子,您有听说过吗?

受访者:墙爬子,这种说法是挺早挺早的老东西,那些全是那些老人传的,其实是没有那些东西,哪里来的墙爬子?那些都是伪科学,其实是没有的。我想的是,那些都是人们伪造的,编的,好多人说那也是传说。

时　　间:2019年9月2日

采访人:赖彦存、顾斯卿

受访者:唐秀林

整理人:张晰森、刘紫奕

地　　点:韩指挥营唐秀林家中

采访人:我们上次聊的时候,您谈到那个收徒不是有个收拜帖的过程吗,这个过程具体是怎样的,您能跟我们详细描述一下吗?

受访者:我告诉你,这个收徒本身来讲,一般得经过一段时间,都是经过二至三年的考核。师父考核徒弟,徒弟也在考核师父,为什么这样讲呢?你比方说学这门东西,东西是好东西,这太极拳功夫还是不错的,但是要想学得全,首先来讲你这老师是不是个好老师,能不能把人引上正道,他的这些东西是徒弟必须要考虑的地方。但是老师呢,对徒弟的考核呢,我教这个徒弟,值不值得信赖,他会不会学好,待人接物,逢人处事,方方面面要考虑徒弟,包括要看他们的性格,你说做师父呢,如果连人的层次都做不到,那你教他干嘛使?所以说这是关键的关键。作为老师要考核徒弟三年,作为徒弟要考虑老师三年,他要是觉得徒弟很知足,老师也可以,那就可以纳入师门。

所以说,在收徒当中呢,次序是这样,当然说,我这比喻不恰当,说党员入党,得宣誓,是吧,有一个宣誓还有一个入党申请书,进师门也得如此,得有一个拜帖,拜帖就是咱们说的那个申请书和宣誓书,就像那个入党志愿书,对党忠诚,坚持党的新信念,是吧!坚持党的原则,为共产主义奋斗终身,那个呀,进师门也是如此。热爱武术,尤其崇拜谁谁谁,在他的辅导下,发扬本门的功夫,继承师门永不叛师,这是他的誓言;然后呢,宣示以后,拿着拜帖,一递,递的时候呢,没有些会说的,就是先给祖师爷磕头,不是鞠躬就得,因为都是些老礼,因为这是传统文化,就得按传统仪式走。所以这不师父就坐在两侧,然后徒弟呢,先给祖师爷磕头,再给师父磕头。然后呢拜帖顶在头上,然后师父就把拜帖拿过来。拜帖里面就是信封啊,你的呈证,你的呈证就像入党申请书一样,给搁那。然后呢,高举到头顶,由别的徒弟接过来,然后师父把它打开看了以后,再给师兄弟师兄挨个拜,这是张师兄,给张师兄磕,这是李师兄,给李师兄磕。完了以后,大伙共同去一磕,从现在开始你就算这门的人了,它是这样做,它是讲礼法的,因为咱们讲传统就是过去的礼法,该怎么走就怎么走,它是这个过程。

采访人:他这中间坐着两位,一位是不是就是掌门,另外一位是就是要拜的师父?

受访者:一般我们都三个人,中间那个像就是祖师爷的像,旁边是他儿子,再另一侧是我老师,就是我的老师啊,祖师爷、师爷跟我老师,我的三个老师,就是老前辈了吧,先拜那三个人。然后假如我收徒弟,他就拜我,我跟我家属往这一坐,拜师父拜师娘。拜完我们以后,再给师兄弟行礼,整个过程就完了。一般这个程序得进行半天吧,好像就半天。首先由我先上香,假如我收你为徒,我得先上香,先给祖师爷磕头,磕头以后呢我这帮师兄弟给祖师爷上香、磕头,一一地上香、磕头,然后最后轮到我收的徒弟上香、磕头,然后再轮到师父上香、磕头,他是这个程序,所以一般都得用半天时间左右,完成这个仪式。

一般我是十月一左右,我要有一两个、两三个徒弟要进门,举行一下仪式,五一、十月一可以收徒,其他时间收也行,一般都找黄道吉日。把这帮老师、长辈啊还有我的师兄、我的师弟、掌门都请过来,作为见证啊。然后本门的徒弟都到场。一般都是像我这人,不多也得几十号人,然后吃个饭啊举行仪式。另外我们这儿每月一个徒弟召集一下坐一坐,把这武术切磋切磋,做东,大伙儿庆贺庆贺,交流东西、建立感情为主,然后就走人了。为啥这样呢,一是建立感情,加强记忆,比如说切磋切磋,讨论拳法,比比简单的套子手;二是有助于这门东西的发扬光大。

采访人:师傅,您刚说那个拜帖跟申请书一样,您有吗?

受访者:那我都得有啊,没有怎行啊?

采访人:那您现在家里有吗?

受访者:家里也应该有,在那搁着呢,你想看看呢?

采访人:待会想看一看。

受访者:我去找一找……跟那什么几乎是一样的。我找到一部分,都在这里面。赵海龙的,罗毅良的,徐爱国的,刘伟的,这是云龙的,这是张艳辉的,林克伍的,张平陆的。

采访人:他们都在天津学是吧?

受访者:他们都是我徒弟,都递过帖的,这都得归类归类。

采访人:我们可以拍下照吗?

受访者:哦,行,可以可以,没事没事。

采访人:这就是门规是吗?

受访者:是,这就是。

采访人:行,那我们把帖子拍一下吧。

受访者:啊,你们大体上拍一下吧。

采访人:这可以拿出来吗?

受访者:行,可以,这都是公开的。

采访人:那我们这种拜帖都固定是用红纸是吧?

受访者:肯定啊,这喜事啊,哈哈哈。

采访人:那,师傅,这个门规是什么时候定的呢?

受访者:建门的时候就这么规定,建门的时候就打了纲领。

采访人:是祖师爷时期建立的吗?

受访者:对,他定的,若干年了,明文亲定,门人就坚定不移地照着执行。

采访人:师傅,拜帖可以是几个人一个吗?我看这有几个拜帖是三个人。

受访者：可以可以可以，有一个人的，也有几个人捆着弄，都行。有时候收三个人，有时候收五个人，一个人，都有。

采访人：三五个人一块拜的话谁递都行？

受访者：对对对，一跪，然后师兄弟把这拿过来，三个人举过顶。

采访人：师傅，我现在想问一个稍微有点儿失礼的问题。您刚刚说我们这一门也有门规，那如果我们的弟子违反了门规，他会不会做出惩罚。

受访者：先给警告，然后严厉批评，必要时那就要请出门规。你要犯了严重错误我们是不允许的，你稍有点儿违纪呢就警告他，因为他进你门就是你的儿女，就跟我对我的儿子一样，有权利管教他，甚至可以要求他，我这不是自私啊，不怕你们笑话，比对儿子要求还要严，因为它代表着一个门规，一个门派，所以它的影响力相当大，你对儿子可以适当轻点儿，但对弟子必须要严，它影响相当大啊，是这样。

采访人：唐师傅那我稍微问深一点儿，就那个您刚刚说过，如果他第一次先犯，会先苛责他吗？那如果说他就非常严重了，就会把他逐出师门吗？

受访者：逐出师门。这门儿就不承认你练太极了。

采访人：那是有个仪式嘛，还是没有。

受访者：嗯，有。掌门要到，反正截止到现在还没有这样的人。因为你想当初进师门是轰轰烈烈的，逐出去的时候也尽人皆知，引为教训，引以为戒。那就很隆重了。我们这一门倒没出现过这种情况。这属于叛师。

采访人：但是这个仪式就是得有。

受访者：必须得有。一般你犯个小错误可以教化他，可以拷问他。你做得不对哈，必须得改。

采访人：那个师傅，您觉得我们现在李式太极拳发展过程中所面临的主要问题是什么？具体有没有面临什么困难？

受访者:现在学这个拳的人啊!人人都想要健康。确实这是实话。现在都强调这一点,以健康为主。所以说人人都有向往之心。所以说目前来看,咱们这东西很好。但是有些年轻人他不认可。这武术从二十世纪八十年代盛行一时,都学武术。这几年我觉得有点儿淡化。唱唱歌,跳跳舞觉着比这潇洒。好看。所以说对有些人来说呢武术有些6难,不好张口,觉得这东西比较深奥,没有练那广场舞快。而且跳舞,心情好。武术比较传统。

时　间:2020年9月28日

采访人:顾斯卿、赖彦存

受访者:宋文奎

地　点:韩指挥营村村民宋文奎家中

采访人:还有一些小问题需要跟您确认一下,人民公社的时候是用那个双轮双铧犁对吧?

受访者:对,双铧犁。

采访人:后来使用七寸步犁,那么咱们村是什么时候开始使用这个牲畜进行耕地呢?

受访者:这个自古就有了,中国在汉朝的时候就出现了牛拉犁。

采访人:那个时候,咱们这里的牲畜多吗?

受访者:就按中华人民共和国成立前的时候,地主富农家可能有一个两个大牲口,穷人呢,大概三家两家能有一个驴,或者一家一驴,然后几家搭伙用。

采访人:那个时候咱们地多吗?

受访者:地也不是特别多,双轮双铧犁呢是中华人民共和国成立后的东西,想着是好,但是农村这牲口不行,拉不动。我们这社里给了一个,后来也给扔了。苗圃有9人家那骡马哼哼给拉起来,土翻起来。这里的牲口就是不行,拉不动。

采访人:双轮双铧犁那个时候咱们村牲畜多吗?

受访者:不多,等到大生产队的时候一个队有十多个牲口。

采访人:好的,那么关于韩营、聂营和大营是穷三营嘛,这个您知道吧?

受访者:嗯。

采访人:那个时候粮站人员是不是就喊我们这三个营叫大爷、二爷和三爷?

受访者:"大爷、二爷和三爷"这个是属于外号了。

采访人:有这个外号是吗? 那一般是在什么场合叫咱们这个村的呢?

受访者:这几个村呢,他就是粮食老不够吃,就得用那个粮本,这不就是要饭的了吗? 就叫大爷二爷和三爷,就有点儿讽刺的意味。

采访人:那就是你拿粮本买东西的时候就被别人这么叫了?

受访者:如果有这种现象,就是说大爷二爷三爷仨穷村,后来刘庄也被算上了,叫刘四爷了那就。

采访人:那咱们中华人民共和国成立前,村里地主的地大概有多少啊?

受访者:几十亩地也就是。

采访人:地主也就只有几十亩地是吧?

受访者:也不一定,就像你说的这个葛九爷他们就地多,李小川他家地可能也多。

采访人:有一两百亩这么多的吗?

受访者:那也可能有,你像现在就那村中间那一片儿,陈瑞华、庞士先的那一块原先就是李小川家的房产,后来他们去北京,家没人了,他们这个地就……他们家的地可能多一点。葛家可能地也多一些儿,但也是可能,老爷子(宋大爷父亲)在可能就全知道。这是我们家那个时候的土地证。

采访人:我们可以拍一下吗?

受访者:可以。

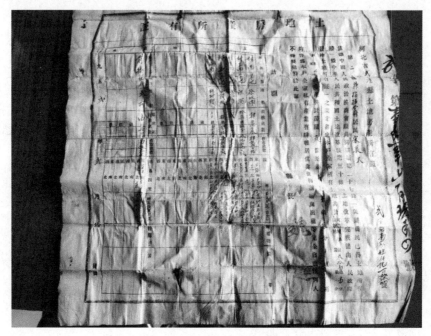

二十世纪五十年代的房地契（宋文奎提供，2020年9月摄）

采访人：当时咱们村里边有一个社叫顺利社是吧？

受访者：对，顺利社。

采访人：还有其他的社吗？

受访者：其他的我就记不清了，反正我这个地方就叫顺利社。这是小片的，东头那边有一个社，这几个社一合并就变成一个高级社了。

采访人：那就是有好多小社，只不过您记不清了是吧，那高级社叫什么名字呢？

受访者：对，高级社就以村为单位了，以这个行政区划分的。

采访人：那就是叫韩指挥营是吧？

受访者：对，以村为单位，一个村一个高级社。

采访人：然后，咱们村什么时候不种烟叶了呢？

受访者：现在就不种了，硬要说的话，改革开放后就不种。生产队的时候就种粮食,有点儿地(社员的自留地),自己种了拿去换点儿钱,到改革开放后呢,这个地,就不指着这个地里种出来的两把烟卖钱了。

采访人:再就是家族方面的问题,村里有人说咱们村葛、宋、荣、黄四大姓,分居四角,分别是哪四角呢?

受访者:西南角是宋,东南角是黄,可能东北角是荣,西北角是葛,应该就是这么一个意思,这个你得去问后街的人,我们前街是西南的宋姓,东南是黄,那两家是后街的,你得问后街的人。

采访人:其他的刘、王、李、赵、谢、林这些姓氏,在咱们村里是不是也挺大的?

受访者:这些不就是中等的那些。

采访人:他们也是住在同一块还是分散在村子里面?

受访者:原来的时候,是聚居在一块的,后来村里给分房基地,就划散了,原来都是以家族这么一片一片的。

采访人:那您知道这些刘、王、李、赵这些住哪里吗?

受访者:住哪儿,现在就不好说了,记不清了,现在就分散。

采访人:这几个大姓是什么时候过来的呢? 就是宋、荣、葛、黄四大姓大概都是什么时候传进来的呢?

受访者:在我们这儿,就拿我们宋家来说,应当是清乾隆年左右,到我这里是第九代,我是按三十年一代人这么算的。

采访人:那么宋家有家谱吗?

受访者:没有,我这里就是前几年弄了一个。2011年弄的。

采访人:这是您自己整理的吗?

受访者:对,我自己整理的。

采访人:其他几个家族您清楚吗?

受访者:黄家,好像是从石家庄(即武清区石各庄)过来的,我下乡在那个地方,他们好像是从石家庄那里过来的。他们好像说,黄家上南京祭过祖,黄世山(谐音)你知道吗? 你得问问他,他们好像上过那边去祭过祖,那就是他们的远祖了,上南京。

采访人:再就是文化方面的了。好像听别人说咱们村的戏曲还挺有名的。

受访者:没唱戏这村,就解放初期王国庆(音)他们跳会。王国庆现在还活着呢。

采访人:就是说咱们村没有,镇里面是有的对吧? 咱们这有一个叫高良田的,在北京当艺人,您有听过这人吗?

受访者:高良田? 这村没有姓高的。这个不是说韩营的事,这是说的小王庄的事,不是韩营的。小王庄的来过、枣林也来过唱戏,唱评戏。

采访人:那咱们村里评书、快板什么的有吗?

受访者:那个就是谁说两句就过去了,真正指着这个吃饭的是没有的。这些都不是韩营的事情。这里没有唱戏的,就只有一些跳会的。要不是说那谁,唐秀林爸爸唐永海,他是票友,不算正式艺人。就像那儿唱戏,缺一个角,他就去说我来,然后补一下子。他也真有两下子。

采访人:还有好几个问题,中华人民共和国成立以后的爱国卫生运动,就是那个贴条的,贴红条表示干净讲卫生,贴其他条表示其他意思,是这么回事吧。

受访者:红的表示干净、欢迎参观,其他颜色的表示不太干净的,忘记什么颜色的了。反正是贴在门框上,那阵子像我们家没有院子那可不就贴门框上吗? 那阵子,有门的贴门上,没门的贴门框上。看你有院墙没院墙了。

采访人:那在什么情况下会贴红条,什么情况下会贴其他颜色的条呢?

受访者:那阵子主要是你比较干净,桌子柜子你得多擦擦,起码得没有尘土,没有其他乱七八糟的,咱们这种家就算是一般户。他要是怕检查的,屋子里比较脏的,就锁上门走了,锁上门就串门去了。

采访人：咱们村有垃圾站什么的吗？

受访者：那阵子没有垃圾站，后来有了，这个你得找村委他们去问。那个时候啊，生产队之前，根本就没有垃圾，吃的都是地里产的东西，也没有包装皮，没有包装袋，打油打醋的时候你自己带着瓶子去，给你打一瓶你自己提着走，那个时候没有玻璃瓶子这些乱七八糟的。你要赶集买肉吧，他就用那一个荷叶或者菜叶给你一包就给你了，那到家一扔他自己就烂了，没有什么污染。

采访人：在卫生方面村里是怎么管理的？

受访者：过去没有垃圾，不像现在包装袋子到处是。过去都用蓖麻叶子，用过干了就完了。打酱油大多是用陶器，玻璃瓶子都很少。打扫村子都是义务劳动。现在是垃圾点，有车拉走。

采访人：村里的主要建筑，我们大部分都已经问清楚了，只有村委的变迁还没搞清楚。旧村委大院那个地方，您原先说是大庙那里是吧？

受访者：大庙，解放初期叫村公所。

采访人：那大庙，也就是这个村公所，现在在哪儿呢？

受访者：就是这个什么，就是明礼南路跟爱民东道交界处的北边，有一个诊所那地方，盖俩小楼那儿，就那湾上，就是那儿。

采访人：那里就是村公所的地方，后来才迁到爱民东道的大队这里？

受访者：那不是，中间变化多少次了，我都说不清了。

采访人：变化了好几次了是吗？

受访者：嗨，这村里头老变化。

采访人：那您能大概回忆一下，这几次大概分别在什么地方？您给说一个大概的位置就行。

受访者：这个，说实在的应该多找几个上岁数的人来聊。因为我是前街人，我上后街去的就少，所以说，以前的事，回头你就找那些七八十岁的人，多找几个。反正，村公所，解放初期、高级社的时候好像也在那儿待过。在这东边南边这湾上有过五间副业（在那里漏粉条、洗旧棉等),那是旧砖盖的,后来也没了。他盖完之后,在这里弄几年回头就走了。我走的时候就在这个面粉厂那块儿,也就差不多大庙东边那块儿,那是十间大队办公室,后面是十间知青宿舍,我说是十间,那个李德生(音)说是十六间,就是那个知识青年那儿。然后公路南边那儿也当过,那会儿在那里弄过推磨、气焊,公路北边这块就是林凤言(老村委书记)什么超市那块儿,那会儿也在那儿推过电磨,后来挪到东边,是学校变成了储蓄所,储蓄所撤了,卖给他们了,他们就在那儿。

采访人:我们大概明白了,还想请教您京津大道的事。

受访者:京津大道我听过。

采访人:我们想问一下,这条路他到底是哪条路?

受访者:那年那个县志办的时候,这部分内容不是归交通局办的吗?他的说法就是,在村子里头南北向走的都算那个京津大道。你在西口向南走也算。比如说我这儿不是叫明礼路吗,那边是益智路,东边那边叫什么路?河边那个路原来是没有的,那里是村的外头了,就说街里这南北向的道路,都归那京津大道。河边那条路叫沿河路,原来都没有,那里原来是地。这里你跟哪一条道走,都算那个京津大道。就跟过去的行军打仗,就像咱们这里向杨村打,不是单走一条路,哪条路向南走他都行,那人分散都这么走,跟哪个都算。至于说这个康熙乾隆由此出行、回銮的问题,我们这东口有一个"御路",现在是没人说了,"御路"是接小王庄、韩营东口,上枣林向南去的,那有一个专门的"御路",那个是出巡的。再向北就奔大王庄了,这个是御路。还有一个,咱们这儿除了这个御路、京津大道,实际上还有一条道,我们当时呢就叫他回民道,就是卖牛羊肉的。它是由北营(后来改叫南营)到城关,他不拐弯,骑驴卖羊肉的哒哒哒地踩出一条路来,贴着韩营东面一直到城关城西角,以前说叫回民道,我说现在是不是可以叫作牛羊肉路?回民道也行。我这么一弄,就把这条道提升到丝绸之路这个层次上去了,虽然它不过大车不过嘛的,但两个民族之间,就卖羊肉卖牛肉的(牛羊肉路:由廊坊南营—韩营东侧—城关西北城角—西门,原为回民往返买卖牛羊肉所用,当时称"回民道")。

采访人:再就是知客的问题。有一个姓宋的大爷、还有一个刘世懿是吧?

受访者:刘世懿,还不止一个,得有几个,黄家那边也有,几片都有。一般一个就是管一片,你要知客少了,如果同时有两家有事,你就办不了了。

采访人:以前就是各管各的一片,您还记得名字吗?

受访者:那个啊,你就说王国庆那会,那就管咱们这前街,谁有结婚的就找他去。有这么几个,王国庆,然后这个刘世懿,还有林凤柱,还有宋文记,有这几个,还有别的。

采访人:什么样的人可以当知客呢?

受访者:一般的,你得能说会道的。

采访人:能说会道的,那么,品行呢? 是不是要德高望重的?

受访者:愿意给干这个的,他有这个瘾。有些人他就有瘾,他要是没有,也不乐意干这个。

采访人:好的,关于婚庆的事,还有几个小问题,跟您确认一下。比如说,谈好了过后,相家,到男方家里去看看,看看这家有几间房,然后订婚,订完后会过一礼,过一段时间是不是还要过一个大礼啊?

受访者:是有这个过小礼、过大礼的。

采访人:那这个小礼和大礼到底是什么呢?

受访者:小礼就是见的人少,大礼就是见的人多,把亲戚朋友全叫来,都给钱,那个你得吃饭摆席啊,过小礼就是几口人上家吃个饭就行了,过大礼呢,比如我儿子过大礼,就得把姥姥家的人,姑姑家的人全得找来,这大舅这二舅这舅妈都得掏钱。

采访人:那一般给多少呢?

受访者:那个啊,没数。

采访人:那么结婚当日,穿那个红色的棉裤棉袄是吧,坐轿子有盖头,"文革"时候坐马车牛车是吗?

受访者：是，"文革"那时候马车牛车都算好的了。

采访人：那么迎亲的时候，男方到女方家里面去吗？

受访者：有的去，有的不去。

采访人：那还有哪些礼节您知道吗？

受访者：杂七杂八的事情就多了，毛病（指礼节）大了。我们穷人，毛病就比较少。

采访人：所以这个是看各家的情况对吗？

受访者：对，一家一样。

采访人：不用牛车马车了过后，用什么啊？

受访者：自行车也行啊，领得来就行了。后来不就有旅行结婚的吗？坐火车上哪里转一趟也就完了。

采访人：红事完了，还有几个白事方面的问题也要跟您请教一下，老人去世之前，就会开始准备了？

受访者：这一病重，就要开始准备。

采访人：那做怎样的准备呢？

受访者：你要说过去吧，这里有病人了，一方面找大夫给他瞧病，另一方面找木匠，弄木头，准备给他打棺材了就得，另外买寿衣。

采访人：那有写账子的先生，是什么意思呢？

受访者：我不就老写吗？那个红白事都一样，不就是大家来随份子。

采访人：那个账子写的是什么呢？

受访者：给你，你自己瞧瞧。我老写这玩意。这是结婚的，喜事用红的，白事用白的。这个呢，红事是指娶媳妇、生孩子、过满月、老人过生日做寿，用红纸；死人用白纸。

采访人：这就是做账子是吧。

受访者：嗯，现在这个白的也印得很好，有素色的，花里胡哨。蓝的封皮上写着"魂归九天"。

采访人：就请您去，把来宾的名字写上是吧？

婚礼礼单

受访者:对,写上多少钱,多少东西,拿礼多少都得写上。下回你本家随份子,还得按着这个上面的东西给随,能多不能少。一共是多少,多少家、多少钱、多少东西。这就是专门给人记账的。你这给多给少的,专门给主人,主人不就记不住了嘛!就有个人给他记住。

采访人:孝服您有了解吗?

受访者:这个东西是租的,不是说买,有从事这个服务的,根据你这个丧主家的参孝人数,来决定租这个多少身。

采访人:这个是不是要搭一块白布啊?

受访者:是,就是这,在腰上,就搭在腰上。

采访人:那个白搭子呢?

受访者:白搭子中间搭在右肩上,两边分别贴在前胸和后背,也系在腰上。

采访人:这是个什么东西呢?

受访者:他这个东西呢叫孝带,就是白腰带。后来有一个时间段弄那个黑箍儿(黑袖标),没兴多少年。后来又出什么没结婚的姑爷得披一个红的被面。后来又什么儿媳妇娘家给他们买新衣裳,出殡前穿,后来又不兴了。现在流行给钱的,弄一沓子钱,一百块钱一张的,就形如给衣裳了,就是给钱了。

　　采访人:晚饭的时候不是要磕头吗?那么磕头的礼数又是怎样的呢?

　　受访者:那个辞灵怎么说的来着,这个得找刘世懿他们,有时候多大岁数磕多少个,可能是闺女给死去的父母磕吧,按享年数磕相同数的头。

　　采访人:那第二天早上,饭吃完送去火化,那么那个骨灰盒是放在哪里呢?

　　受访者:骨灰盒放院里。

　　采访人:丧盆也是放院里?

　　受访者:那个放前面,放骨灰盒前面。骨灰盒在一个高桌上,骨灰盒前面搁一个门板,四个凳子搁门板,亲戚给来的供。现在简单,不那么供了。就是整袋白面,一袋面一袋面的,跟这个大供都在这里头了。又搁这个丧盆子,搁这个蜡烛,挺预(粗)的那个白蜡,后来就有塑料套,火苗在里面吹不灭。

　　采访人:那开路是在什么时间呢?

　　受访者:我们这里叫送路,出殡那天十点钟左右,送路有吹鼓手。

　　采访人:那开堂呢?

　　受访者:开什么?就是围着村子转一下,村子的主干道,然后送土地庙,后来也没有这土地庙了。我记事的时候是送土地庙,在土地庙磕头,我记事的时候是这样。然后回来,死的是女的,烧一个纸糊的牛;男的死了,烧一个纸糊的马。

　　采访人:听说还要买鸡买鸽子什么的放生是吧?

　　受访者:是的,按阴历说,如果是单日死的就不弄这个,双日死的就买一个公鸡,拿刀一刺,往外面一撒。按照老说法,双日子还要死一个人,所以说拿公鸡顶一个人。这个公鸡扔出去,旁边有穷人就捡回家炖了吃去了。后来嫌这个太血腥了,就买一个鸽子,街前一撒就让它飞走,就完了。放生了等于是。

采访人:清明祭祖添坟的时候,要写一个包袱是吗? 那个包袱是怎么写的。

受访者:用一个纸糊的大包袱,铰烧纸在里头。

采访人:铰烧纸?

受访者:就是用黑纸,铰成纸钱的样式,那不就是钱吗? 给死人的钱。黄纸、黑纸一样,也有黄纸的。

采访人:那么磕头呢?

受访者:磕头,现在在坟地也磕头。

采访人:以往村子的中心路和大庙的情况。

受访者:(画图,见《韩指挥营志略》"信仰"条)当时村子的中心路,还是现在村子的中心路。

采访人:有关观音庙的一些事情想跟您请教一下。

受访者:观音庙是一个倒座,西北风怎么刮,那个香烛都不灭。等于是古人研究风的方向,能把那个风稍微挡一下。

采访人:听说观音庙有一个瞧仙的老太太,有这事吗?

受访者:老太太我就不知道了。再早的时候,那个庙肯定有人。

采访人:村里面有一个会看阴阳宅,会看风水的?

受访者:那个人是王国庆的爸爸,叫王兰新,人称王军师。盖房、选墓地,都找他。

采访人:墙爬子您能介绍一下吗?

受访者:到底是什么? 是人的错觉。一般是在黑咕隆咚的时候,绝不是在白天。是人在光线黑暗时,因害怕产生的错觉。他确实看到有这么个黑东西,看着像人一样,胆小。

采访人:好的,那盖房子要用五个木工五个木匠,您知道原因吗?

受访者:我没听说过要五个,盖房子有一个两个不就行了吗? 没听说必须要五个。

采访人:有一些跟游戏相关的。您知道这里有一个叫打尜的游戏吗?

受访者:打尜,尜字应当就是小大小,两头小,有一个儿化音。

采访人:这个东西是怎么玩呢?

受访者:这个两头尖,搁地上,一砸不就起来了吗? 起来之后拿棍子一弄,拿板子一击,飞挺远的。互相比。现在游戏也多了。

采访人:那这个雨后用雕泥摔炮是怎么回事?

受访者:不是雕泥,是胶泥。这个是一个坑,下雨过后一坑水,然后越来越少,越来越少。水里淤的泥,在一半就沉了,越细的泥就越沉得深,等没水了就挖这个泥,这个就是胶泥。把胶泥挖出来,然后把里面的气泡摔出来,然后呢用手按一个坑,底就变得很薄了,边上挺高,翻过来,向地上一摔,上头破一个大窟窿。两个人嘛,我破的窟窿越大,就得拿你的胶泥给我补这个窟窿,你的是个小窟窿,我赔你的就少。最后呢,弄来弄去,你的胶泥就全跑我手里来了。就是谁破的窟窿越大,谁得的胶泥越多,把别人的胶泥赢过来了。

采访人:还有一个,咱们这里有一种菜叫咖渣是吗?

受访者:对,咖渣,字典上也没有。

采访人:这个东西是什么东西?

受访者:咖渣,它实际上是豆面打成糊,摊成那个圆的,绿豆面,回头切,切成菱形块,烩菜的时候,面上铺上一些。

采访人:迎亲的时候开大节,开大节是什么时候呢?

受访者:有开大节这个说法吗? 咱们这里好像没有。咱们这里好像就有一个亲友们授礼了,授礼这得典完礼以后。这不是就说接受,而是带提手的授,给出的意思。授礼你得掏钱。

采访人:然后新年,夫妻到娘家拜年,到岳丈兄弟各家吃饭,有这个习俗吗?

受访者:请姑爷,现在没有了,过去都有。

采访人:那么大概是什么时候没有的呢?

受访者:打这二十多年都没有了,"文化大革命"那时候还有呢,这时候都忙了没工夫。

采访人:房间都是正房住长辈,晚辈住厢房,按辈分住,炕朝阳面,最早都是朝着窗户那边门对门,窗对窗。

受访者:炕啊,正房的炕是朝着阳面,东厢房的炕在西面,都在靠窗户那面。靠着前檐这边。也有条山炕,比较少。

采访人:正常一般怎么样呢?都是朝阳?

受访者:正常不说,条山炕都是在房山这边。条山炕就是这么竖着的,没有这门。过去屋窄,就这么打一炕。除了条山炕全在前檐靠窗的。

采访人:朝北开窗的几乎没有是吧?

受访者:有,学校过去那房子,全部都带后窗户。就是咱们村不兴这个。后窗户比前窗户小,一般不超过一米的,就是为了夏天通风。冬天的时候可以在外面垒上几块砖,抹上泥,保温。

采访人:除夕过年后的踩芝麻习俗,大概什么时候没了?

受访者:那个叫"踩岁"。现在哪还有芝麻了。他这个芝麻种的面积太小了,就没有芝麻秸了。

采访人:那具体是什么时候呢?

受访者:生产队的时候慢慢慢慢就没了,那个时候比如一个队种5亩芝麻,那能有多少芝麻秸?分到每一户,也没多少。

采访人:生产队的时候就没有了吗?

受访者:没了,芝麻播种面积太少了,不高产,种得太少。

采访人:您知道"葛九爷"吗?

受访者:葛九爷是谁啊?你要问那些个老干部吗?叫葛士富,这是一个老干部,敬老院的院长,现在敬老院都没人去,他是第一个火化的,公社给他开追悼会。葛九爷是不是指的这个?

采访人:您知道李小川吗?

受访者:就听说李小川是后街的。

采访人：那李小川被绑的事情您听说过吗？

受访者：我哪知道呢？

李大爷(与李小川同宗)：是,他被别人绑票,被别人弄走了,庞士先他爷爷(一说父亲)给他干活,叫庞发(音),给他看家,以后来要钱,庞发就拿着钱怎么黑更半夜地给送过去,把他保出来,后来那个地方不就给他们盖房了吗？

采访人：我们可以拍一下您的证书吗？

受访者：可以。

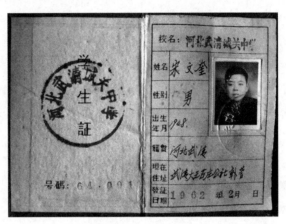

宋文奎的中学学生证

宋文奎的大学毕业证书

时　　间：2020年9月28日

采访人：顾斯卿、赖彦存

受访者：村委田大爷

地　　点：韩指挥营村村委田大爷家中

采访人：您知道村庄以前有做过什么规划吗？比如上面给的一些规划？

受访者：上头没给过规划，规划都是村里自己做。

采访人：村里做过什么样的规划呢？

受访者：村里原先老书记的时候有过一规划，把街后面排字房往前提一提，把公路拓宽一点。以前弄过几户，最后没有弄完。这村太乱，没法弄。

采访人：2013年被划为拆迁村后，也就只有这么一个规划是吧？

受访者：对。

采访人：您知道村委大院搬了几次，大概方位在哪呢？

受访者：村委大院咱们搬了三四次了。最初的村委大院在大庙的左侧，过去土改收的一个房子，大概七几年的时候，大庙作为供销社，村委在大庙东边，收的一个地主的三间房，在那儿作为大队部。"文化大革命"结束后，八十年代的时候把这房又还给人家了，也不是还，把钱给人家了，地方留下了，作为老大队部。现在没了，现在就卖了。在那儿开过面粉厂、手套厂、织布厂，八零年以后的事了。那儿有三千平米那么大，大队部工作人员也住在那儿，他们有家但在那儿值班。那会儿还有民兵呢，民兵有枪，还要看着枪呢，轮班住。

采访人：后来搬到哪去了呢？

受访者：后来搬到老书记家办公。这里穷，没钱花，就把地卖了，厂子倒闭了，卖了盖房。老书记是林凤言，十多年在他家办公。他家就临时办公桌，九几年的时候。那时候有一段时间村级的班子是不行，大队就没地方，上面不重视。完了之后就搬到爱民东道那边了。

采访人：您知道咱村四大家族住在咱村哪个位置？

受访者：宋家在西南，黄家在东南，葛家在西北，荣家在东北。

采访人：您知道他们什么时候来的？

受访者：历史发展就有，很早了。

采访人：他们这几家1949年以前出过地主吗？

受访者：出过，宋家出过，老郭家地主大，老黄家就出点人才了，没有地主。

采访人：现在新生的还聚居吗？

受访者：不聚居了。

采访人：您知道咱村什么时候开始普遍使用电器？

受访者：八几年，八零年往后，陆续就有。八三年家里有电视了，黑白电视，四邻街坊都来看了，坐一大炕，看那个《霍元甲》啊、《上海滩》《雪山飞狐》，那几年的电视剧比现在好看多了。

采访人：咱村有个小喇叭放节目的您知道吗？

受访者：小喇叭早，小喇叭一户拉一个，有时候一广播就响。七几年，都不到八零年，七十年代初有的。那时候文化比较匮乏，唱歌都不让唱，就广播广播英雄，学习劳动模范、英雄人物，学习《毛泽东选集》，陆续就没了。有一段时间用大喇叭，现在大喇叭不使了。

采访人：您对知客有什么了解吗？

受访者：知客就是俗称，村里有什么红白喜事，现在来说就是主持、幕后策划。

采访人：咱们村里什么样的人可以成为知客呢？

受访者：一般能说会道的，有点威信的，爱管闲事的。

采访人：知客多吗？

受访者：我们家出一个田俊瑞，他就是大知客，大概六几年到七几年的时候。

采访人：您知道咱们村的那几个庙吗？

受访者：就只知道大庙，以前都拆了。

采访人：咱们村盖房时就一定要五个木工五个瓦匠吗？

受访者:不是不是。那时候咱村木工瓦匠可以自给自足,那时候不讲究赚钱,管顿饭就行,人情比现在轻。

采访人:您知道墙爬子吗?

受访者:过去有那么一种,就在前面,你认真看他也看不见,就在前面墙上趴着,过去有这么一种东西,大概就是在六七十年代的时候,往后也就没有了,就是在墙边一个黑黑的东西。

采访人:为什么叫墙爬子呢?

受访者:因为就有这么个东西在墙上,它也不下来,就有这么一个玩意。我见过,活的,就这么一个黑的乎的,认真看还有翅膀似的。

采访人:大概有多大? 巴掌大?

受访者:没有这么大,要小一点。

采访人:就是一种类似于虫一样的东西对吧?

受访者:对,黑黑的长着翅膀,上面有花纹,就跟大蛾子差不多。

采访人:1949年以来,包括人民公社时期,咱们牲畜的使用情况,包括用犁耕地,咱们使用牲畜耕地什么时候开始普及?

受访者:普及不了,生产队的时候使牲活,压个地啊还使人呢。一个生产队连牛连驴带马,马一般不超过两三匹,驴也就是三两个,牛也就是一两个。全村有八个队,一个队五六十户,看自己的实力,一个队地也不多,五六百亩,连好地和坏地,一户十亩地。

采访人:那个时候咱村比较穷嘛,穷三营,那时候粮站的人是不是叫咱穷三营大爷、二爷、三爷?

受访者:有这事,俗称吧,就是私下叫,公共场合不叫。

那时候我们这三村,是沙地,沙地不保本。那时候又靠河水,河水又没有,就是靠天吃饭,没有井。它是那个状态下,我们附近这几个村的特色是红薯、花生,别的村种不出来,特别好吃。那时候种完后,那就挖一坑,这边有一沟嘛,挖一坑就出水。那时候根本没人打井,也不挖井。那时候就几个社员,挖一小坑就出水了。村里吃水还有几口井,三四口。

采访人:那时候咱村的烟叶是不是也很有名?

受访者:烟叶也挺好,有一块地不超过五六亩,很卖得上价钱。

采访人:那是什么时候开始不卖的呢?

受访者:改革开放以后,不给卖了。而且人家都是东北的,交通方便,也过来了,这里种的自个儿抽了。

采访人:咱村有什么文化特色,比如河北梆子,京平梆子?

受访者:没有没有。过去有高跷、秧歌。龙灯没有,京剧也没有。听戏有,听评剧、京剧、河北梆子、天津大鼓、评书。

时　间:2020年9月28日

采访人:戴雨璇

受访者:某村委会成员

地　点:韩指挥营村村委会

采访人:您对这两张规划图还有印象吗?当时这个规划它核心是想把这个村建设成什么样?

受访者:最起码是美丽宜居的吧?我们这不可能给它全建设成工厂什么的,就是美丽宜居,美丽乡村。

采访人:您说现在不按这个规划建设了?

受访者:对,现在我都说不好什么规划,就是没有规划现在。原来是刘老师他们给做的,说按这个规划走,现在也没按这个规划走。

采访人:这两个规划图在规划的时候有没有这样的想法,比如说要把村子拆了,然后在村子东北部建设社区、居民区?

受访者:那个没有,没有。

采访人:因为我看它这块有设计。

受访者:没有,不可能说把这村子的一半去拆了,我去建房子。只能是说维持老的现状去改造。

采访人:就不会把原有的拆了?

受访者:不会。没人出资,那不可能的事。

采访人：然后这个玫瑰庄园，有没有新的发展规划？

受访者：玫瑰庄园它说要有一个建设，从玫瑰庄园北面这儿有一条道通穿这玫瑰庄园的，现在还没有进行施工。

采访人：我看到现在那边房子拆了。

受访者：对，那房子拆了就是跟修道路有关系。

采访人：玫瑰庄园它会扩大？

受访者：它扩大不了，它只能维持现状。

（喊刘树国老师）：刘老师，她刚才问七彩组团的这个事，我都说不清楚，这事您得跟她说。

刘老师：七彩组团什么呀？

采访人：咱们村的规划图。

受访者：这个方案已经弃用了有必要说吗？这里头因为没有这事，咱们没必要往上写了，而且说，你刚才跟我说玫瑰庄园有什么扩建或者什么规划，它现在什么都没有，而且现在玫瑰庄园咱们没法给他做一宣传，对吧？

采访人：这是去年年底定的。

受访者：现在已经变化了，没有这个。

刘老师：七彩组团是最开始制定的一个发展规划方案，是一个整体的规划，知道吗？是根据对村庄的统一调整的政策定的，就是以京滨工业园为基础，打造周边的工业游的旅游型乡村。

采访人：这是什么时候，今年定的吗？

刘老师：去年了吧。

受访者：反正现在玫瑰庄园是没有的可写，而且那条路没修通的那条路，对于村庄前面的这条路咱们也没得可写，对吧？没有再规划的东西。

采访人：您看一下玫瑰庄园这个图，是门口的图吗。

受访者：是，这门口。这门口就是这样，一进门就这样。

采访人：现在的门口？

受访者:现在没有了。他那里边现在已经是荒草地了,没有人收拾。他那不卖门票了,不收钱了,所以现在他也没有什么投资。

采访人:它现在不开放了?

受访者:没开放,不开放了现在。这个门是大门正门前面,这个正门现在没有。

采访人:之前是在朝东边还是朝南边?

受访者:这是在玫瑰庄园一进园,园区里边,现在已经不是这个样子了,基本上没有这个了,小花现在都没有了,有的只是树和它长着的一个月季花,其他都没有。

采访人:您能讲讲咱们村委院子之前的变化吗?

受访者:咱们现在这个是在以前的一条排水沟上建的村委会。对,以前的一条排水沟上。

采访人:这是什么时候挪过来的?

受访者:头年的十月一吧,到今年十月一就一年了。2019年的10月1日,咱十月一搬的家。

采访人:爱民东道那个村委它大概面积是多少?

受访者:面积你就写150都行,平房150。

采访人:咱们现在的面积呢?

受访者:咱这300,咱这主房就300,要连上院里600了。咱们那个房子主体面积就300呢,大礼堂是280。就差不多这边300那边300呗。

采访人:文化礼堂平时它会用吗?

受访者:因为疫情时候不允许聚集,咱就没有用。

采访人:那个是大概什么时候建的?

受访者:跟这个是一块建的,也是2019年的10月1号搬进来的,就全写这日子就行了。

采访人:然后就没怎么用过?

受访者:之前演出戏曲演出、文化活动都有,以前都有过。医院来这义诊,这都有过,在礼堂那边。

采访人：他是之前就有一个礼堂，然后后来又翻新了？

受访者：不是，以前没有，这是新盖的，全是在一条排水沟上，然后盖的东西，礼堂也是这个。

采访人：然后小广场是什么时候建的？

受访者：南门小广场是今年新建好的，等于2020年春节建好，新年。

采访人：也相当于没有怎么用过是吗？

受访者：现在一直在用。

采访人：去的人不太多。

受访者：因为那地方比较偏，它的占地面积应该也得够三百平吧。

采访人：刚建成的时候是不是那会去锻炼的人还是比较多？

受访者：一开始那几天新鲜，人特别多，后来全熟悉了就没什么人了，因为他去了不方便，没那么多人去，而且它的设施也特别简单，就那几样你也看到了。

采访人：现在咱们这儿有什么景观吗？

受访者：咱们这没有什么景观，你看说绿地，绿地又没有，林地也没有。

采访人：现在农田还多吗？

受访者：不多，一共几十亩地，几十亩，现在都才有十几亩地。

采访人：都被征用了？

受访者：对，都被政府征收了。唯一的绿色景观就是玫瑰庄园，玫瑰庄园不属于村里头。那个地是村里的地，被政府收购了的，我们村没有权利在地上去规划什么，那不就不属于我们村吗？西边工厂也全是政府的，然后他等于是大王古庄开发区，它全都是工业用地，跟咱们村也不产生关系，只是说村民能就近上班。

采访人：这个村里有池塘？

受访者：也没有池塘，一直都没有池塘。

采访人：现在咱们这儿去廊坊的话，怎么去？

受访者：有公交车，有直达公交，对，有可能一天就两趟公交去廊坊。我没坐过,应该有。

采访人:最后,关于村里小学的情况,它现在干什么用了?

受访者:村里的小学现在它已经转为一个私人的房基地了。

采访人:在哪个地方?

受访者:咱们老村委会的后边,就是小学。

采访人:是洗浴中心那里?

受访者:对,那里就是,那个房现在已经归私人所有了。

采访人:它是大概什么时候拆的?

受访者:那年头多了,我不记得大概是什么时候了。就是卖给个人了。小学教室和操场什么的全都卖给个人了。

采访人:现在村里孩子上学到哪里?

受访者:上东口这边,等于一个镇里有两个小学、中学的,集体集中上学了。

采访人:直接就可以去上了,然后幼儿园小学都在那儿?

受访者:对,都在东口那儿,一进村那东门。

采访人:咱们这里有一块长寿老人的牌子是吧?

受访者:对,寿星榜,在这里。有三个已经去世了,黄仕香、武文敏、王国义。

采访人:牌子哪年做的?

受访者:头年(2019年)。

寿星姓氏

黄仕香　男, 1929年生
武文敏　女, 1930年生
邵书珍　女, 1930年生
艾秀荣　女, 1932年生
王文珍　女, 1932年生
张文英　女, 1933年生
王国庆　男, 1933年生
聂万秀　女, 1935年生
朱友荣　女, 1935年生
郭启珍　女, 1938年生
刘玉珍　女, 1938年生
王国义　男, 1940年生

韩指挥营寿星榜

时　　间：2020年9月28日

采访人：顾斯卿、赖彦存

受访者：黄世鑫

地　　点：韩指挥营村村民黄世鑫家中

采访人：您之前是做校长吗?

受访者：中心小学的校长。

采访人：什么时候开始设置幼儿园的呢?

受访者：我不是在这村，在外村，我在大王古庄中心小学。幼儿园在我去之前就有，1972年以前就有。

采访人：当时规模如何？

受访者：两个班、三个班。

采访人：一个班有多少人呢？

受访者：有三四十人。

采访人：后来有什么变化吗？

受访者：后来没什么变化，还是两个班三个班。

采访人：那到镇中心幼儿园为止都没有什么变化吗？

受访者：那不一样，那有变化。我们在镇中心，镇中心校，下面都分成什么这村也有，这村也是中心，丁辛庄也是中心，这几个中心都不一样。

采访人：那镇中心幼儿园在不同的镇或者地方都不一样？

受访者：它这是各中心不一样。这一个镇分四个中心，比如这村是一个中心，镇所在村也是中心，丁庄也是一中心，各中心都不一样，都有幼儿园。

采访人：韩指挥营村有吗？

受访者：这里有，算是中心。

采访人：它当时的幼儿园是怎样的呢？

受访者：也是三两个班。

采访人：接收的人也是韩指挥营村附近的人吗？

受访者：对，它是以这村为主，这个中心呢下面有几个村，包括这几个村，这几个村里也有幼儿园。以这村为主，一个大中心幼儿园。

采访人：那现在的幼儿园？

受访者：村东口这儿，把这附近几个中心，各分校，全都集中到这儿来。

采访人：那这个幼儿园是什么时候建立起来的呢？

受访者：零四、零五年开始有这个大幼儿园。

采访人:韩指挥营小学是否有幼儿园?

受访者:有。

采访人:是您刚刚说的吗?

受访者:就是以这村为主,以本村幼儿为主,在这个学校。以韩指挥营村为中心,包括小王庄、枣林、刘庄这三个村,这三个村里也有幼儿园。

采访人:您知道韩指挥营小学有谁当过校长吗?

受访者:刘继琦,是小王古的,七几年就当了,当到九四年吧,就调走了,到镇中学当副校长去了。我是九六年上这村来的。七几年之前还叫负责人,不叫校长,有黄世传,他跟我们是本家的。刘庭喜当过两年(九四到九六年),九六年之后就是我了,做到零四年,我之后是刘家臣,他当到零七年左右,他现在在中学当副校长。后来就是刘国旗,现在可能还是他。

采访人:这个小学后来加了初中班是不是?

受访者:以前有过,可能在七几年的时候就设初中班了,大概七四年左右,那就有初中班了。

采访人:一直到什么时候呢?后来它还有吗?

受访者:有,可能到八几年,具体我说不清楚了。八六年左右没了,就撤了,归镇中了,就是大王古庄镇中。

采访人:这个初中班具体是怎样的呢?

受访者:分一、二、三年级,中一、中二、中三,一个班四十人左右,一个年级一两个班吧。

采访人:在没有初中班之前,小学毕业的学生,毕业了之后去哪里上初中呢?

受访者:上初中一般上城关的城关中学,从这小学毕业,考城关中学。

采访人:没有别的地方吗?

受访者:没有。别的地方时间我不太清楚,还有⋯⋯镇中打"五七指示"之后才有。六六年以前都在城关中学,初中在城关中学。六六年以后,大王古庄镇那儿成立了一个镇中,这学生就近上学嘛,小学毕业以后,那儿不叫中学,叫五七联队,它就在镇中了。后来考高中了才上城关。

采访人:他们是小学毕业以后去了镇中,它的全称叫什么呢?

受访者:大王古庄乡中学。

采访人:它和镇初级中学有关系吗?

受访者:一样,就是它。随后到七几年的时候,也有高中班,就是大王古庄乡中学有初中班高中班,高中班就两三届三四届。它教学质量最差,还得上城关中学。

采访人:城关中学就是一个高中吗?

受访者:那时候初中高中全有,可是打这个"五七指示"以后,初中和高中就分开了,有城关乡中学、城关高中,初中和高中分成两个校,城关中学成了高中班,一直到现在,另外有一个初级中学。

采访人:那还去城关上初中吗?

受访者:咱这就不去了,就去乡中了。

采访人:现在是不是有一个第一中心小学?

受访者:零四年我们退休后,村里学校,自盖完教学楼以后,就全搬出去了。最后,自乡中合并,韩营小学搬出去了,随后到近几年,把这四个村的,就是北边大王古庄,大王古以南,就全归这儿了。

采访人:那这个学校里也有第一中学、小学是吗?

受访者:有,是在韩指挥营村境内。

采访人:镇初级中学是在韩营村境内吗?

受访者:是的,两个学校在这前后并着呢,前面小学和一幼儿园,后面中学。

采访人:您看一看这位葛九爷,您知道吗?

受访者:我不太清楚。

采访人:李小川您知道吗?

受访者:李小川这人我知道,这人有,我听我爸说过,具体的不清楚,老一辈人的事了。

采访人:**黄士恭开办过私塾吗?**

受访者:黄士恭是功劳的功,可他父亲没开办私塾,他父亲是在天津,是工人,没什么啊,他爸不叫黄慕。是黄世香他爸,黄庆元开办过。

时　　间:2020年9月28日
采访人:顾斯卿、赖彦存
受访者:李亚春
地　　点:韩指挥营村村民李亚春家中

采访人:**您知道李小川吗?**

受访者:过去在中街大院住,之前有一块匾,叫"李小川成家",不记得是谁送的。以前在李家大院正房里有这块匾,这块匾后来解放土改以后不知道去哪了,就没有了。李家大院地址在,房屋没了,他成分高,就给他分了。好多人都不姓李了,姓什么都有,后人都在北京呢。我和李小川同姓,但隔了不知道多少代了,具体其他事情不清楚了。

文件选编

韩营姓氏

韩营村民至改革开放前，已知有过31个姓，人口较多的有14个，人口较少的有11个，已经消失的有6个。简述如下：

一、宋氏

据《韩指挥营宋氏一至八代世系表（2011年）》，祖籍山东堂邑县宋大官庄。约在清乾隆年间，因灾外出逃荒，有宋鸿献携妻挈子至此，见尚可生存，遂定居为第一代（记为①）；②抚杉；③友；④清安、清贤；⑤臻、翔、起、坤，余不详。⑥＊元，有10人（以星号为通配符，下同）；⑦单字名，有南七、北六，三个大（爷）共16人；⑧长＊、＊田，存＊。民国年间，有堂邑县赵家花园宋存芝兄弟4人来村谋生，因与此辈兄弟相称，遂融为一体矣。⑨文＊；⑩玉＊，克＊、海＊；⑪雅＊，子＊、佳＊、雨＊、追＊、屹＊，单字名；⑫＊坤，学缙等。现⑧至⑫代在世，主要住在村西南部。

二、刘氏

（一）前街刘，由丁辛庄迁来。①刘廷瑞；②德龙、德凤；③单字名：忠、恩、树；④＊汉，有云、治、兴、泽、富；⑤单字名：生、华、潭；⑥福明、福山；⑦云龙、云海、云涛；⑧兴凯。现⑤至⑧在世，住在村东南。

（二）后街刘，由河北衡水迁来。按金、宝、云、玉、土、家、传、继、祖、德为①至⑩代辈字，辈字在前，如玉＊。现④至⑧代在世。

三、黄氏

据《黄氏族谱》,祖籍浙江温州,先祖因军功北迁,到武清黄庄寺上,曾建有家庙。后经石各庄镇石东村(今黄姓人口比韩营黄姓人口还多),黄嘉德(后改国用)于清康熙五年(1666)来到韩营为第①代。②永*改万*:万金、万良;③少池改秉忠;④成*;⑤廷*;⑥单字:进;⑦永*,有永禄为光绪年间村司事;⑧德*;⑨*元;⑩世*;⑪自*;⑫文*;⑬单字;⑭已生(文龙孙子)。⑩至⑭代谱序辈字规定为树、汝、纯、希、信,辈字在前。现⑩至⑭代在世,主要住在村东南部。

四、王氏

(一)祖籍山东武定府商河县东关(一说小西关),与北刘庄东坑王家(有志广、志水)同宗。坟地原在丁辛庄村址内,已无。何时来,传多少代不详,现可忆能知的记为:①有文山、文河、文海(此代有在官署做过文秘的人);②兰奇(习针灸)、兰新(习风水);③国*,有发、万、胜、义、泰、安、恩、光、祥、良、彬、勇、臣;④志*,有刚、强、才、孝、忠、连、杰、田、和、贵(为保存资料列出了较多人名);⑤*宽,有永、宝、武、景、银;⑥单字名,江、浩、月;⑦*山。现③至⑦代在世,主要住在村东、中部。

(二)王德瑞,河北任丘人,有养子王志恒,武清人。二人均为林业局苗圃职工,其家属在三队落户。志恒有二子,长子回任丘原籍,次子建新生王斌,后两代在世,住村西南。

五、葛氏

(一)老葛,据说是明初由山西洪洞县大槐树下移民而来,但未见有大片坟地遗迹,本村不是从山西出来的第一站。已知近者,从①葛继和以后;②北支士*,有荣、华、富、贵、昌、英、希、旺、才;南支朝*,有江、河、元、清;③*文,有长、瑞、海、汉、培、学、永、玉;④宏伟,立和,树忠,茂林,建中。现②至④代在世,主要住在后街西北部。

(二)新葛,从河北衡水(或落垡)迁来,第①有万仓、万良;②单字名:和;④玉*,有桐、芬、春、林、均;④瑞祥、瑞生、瑞华、瑞臣,单字名:健、瑞、祥、强、山,士国,全成;⑤云明、云涛;⑥加*;⑦子*。现④至⑦

代在世,主要住在后街。

六、郭氏

祖籍山东乐陵,①佚名(为郭成安高祖);②有玉茹、玉奎、玉宽;③文华、文辉、文志、文斌、文焕;④起元、起光、起亮、起旺、起和、起坤、起兴、起龙、起祥,殿元,瑞芝、瑞兰、瑞祥、瑞桐、瑞海、瑞河;⑤成安、成立、成海、成江,俊山、俊汉、俊文、俊玉、俊仿、俊龙、俊海,凤忠、凤玉;⑥春雨,立生、立华、立和;⑦未查实名字。现⑤至⑦代在世,主要住在后街。

七、荣氏

祖籍山东,经武清东马圈荣营(1940年有此村,后不知并入哪个行政村,查不到了)来此。一说与霸县堂二里荣家同宗。来此时间、代数不详。已知近者:①荣万芝;②起俊、起臣;③述*,有奎、凯、宽、春、太、仁、礼、义、旺、芳、桐、全、贵;④*清,有汉、振、永、会、培、立、泽、焕、玉、季、旭、义;⑤绍芝、绍义、绍永,维正、维勋、维和、维奇;⑥学*。现④至⑥代在世,住在村东北部。

八、张氏

(一)由城关八里庄迁来,何时来、多少代不详。有旧祖单,已买来新单,准备抄旧续新。已知近者:①张富;②永成;③庆*,有祥、春、友;④廷*,有玺、顺、仁、义、良;⑤单字名:树、林、森、福、山、海;⑥宝*,有生、民、祥、发;⑦多多。现④至⑦代在世,住在前街。

(二)从白古屯徐庄迁来,①张殿祥;②贵林;③少先、树先;④金华、金权、金友,保华;⑤海龙、海涛;⑥雨*。现④至⑥代在世,住中街以南。

九、谢氏

据说从山东迁来,经羊坊(大沙河有一个羊坊,北蔡村有刘、张、肖、苏、韩、翁六个羊坊,不知是哪个)来此,时间、代数不详。坟地原在尹窑南,后迁到村东南沙窝。已知近者:①谢廷安;②单字名:通、桂;③万*,有衡、荣、中、仓、生、明、奎、春、富等10人;④单字名:奎、春、元、俊、荣、红、青、海、坤、朴、发、和、林、江、山、旺、增、宽、生;⑤凤＊,有奇、刚、志、林、武、军、玉、东;⑥立＊,有军、成、福。现④至⑥代在世,住在中街以南。

十、李氏

由泗村店迁来,清光绪年间已有,有"五李三侯夏一家"之说,迁入时间、代数不详。近者已知:①李青华;②单字名:宝;③孟＊,有春、云、奎、久、④＊春,有荣、亚、和、盛、占、永、井;⑤树＊:森、林、彬、德生、德旺、书祥;⑥晓＊,有明、静、辉。现④至⑥代在世,住中街南北。

十一、徐氏

(一)属老居民,在村西南有大片坟地,已毁。所传二十余代,后代逐渐扩散,迁往张营、草茨等村。本村仍有人居住。已知近者:①徐永成葬在小王古庄东口,另立坟地;②单字名:让;③福山、连山;④单字名,有俊、庆、顺、和、林、兴、旺、元、仁;⑤有亭,有＊、＊亭;⑥春景、海江、建＊;⑦单字:伟、成(春)龙(春龙与春景不是一辈,故作上述处理)。现⑤至⑦代在世,住在中街南北。

(二)由安次大官地迁来。①徐怀;②凤歧;③志＊,有功、明、宜、才;④书贵、书和、书利;⑤海＊;⑥＊坤。现②至⑤代在世,住在中街南北。

十二、陈氏

(一)祖籍浙江绍兴府山阴县后浙村,先祖有为官经历,来此到瑞华已有十代左右。已知近者:①佚名(瑞华曾祖);②凤先;③陈营、陈义;④瑞华、兴华、士华;⑤国庆、国栋;⑥默然。现④至⑥代在世,住中街中段路南。

(二)由山东迁来,时间、代数不详。已知近者:①文＊;②国＊;③清安;④春＊,有山、华、荣、林;⑤连＊,有汉、祥、福、禄、成、富、宝、江、起、贵、勇;⑥玉＊,有柱、强、良。现⑤至⑥代在世,住村东部。

十三、赵氏

来自山东,坟地在东南口四干渠西堤。①天＊;②春＊,共4人,一人叫春富;③维＊,有茹、意、孝、忠、荣、汉、明;④玉＊,有华、权、文、武、刚、强、岭、成、贵,宝珠,春生;⑤海龙,单字:月;⑥自豪。现④至⑥代在世,住前后街都有。

十四、师/施氏

来自河南,属村中老居民,坟地在村西,已毁。传二十余代,后人渐扩散,迁到聂营、前侯尚等村,村内仍有人住。原为师,后改施,即师、施通用,若主人不愿意,应写师。近者已知:①单字名:庆、衡;②广仁、广义、述起(据说荣家奶大,辈字随了荣家);③荣*,有祥、田、友、和、刚、江、山、所、贵、才等10人;④单字名:强、彬、文*;⑤浩*,艳*。现③至⑤代在世,前后街都有。

十五、林氏

由安次大常亭迁来。第①代林法孔先在大常亭庙里出家,后还俗来到韩营定居;②思从;③单字:宽;④国*,有喜、庆、丰;⑤万义、万奎;⑥仲奎,德瑞、德祥;⑦凤*,有和、柱、刚、汉、岩;⑧树*,有茂、深、宝、文、成、军、建、书祥、书庄;⑨玉*,有忠、喜;⑩爱军。现⑦至⑩代在世,住前后街都有。

十六、米氏

何时何地来此、所传代数不详,坟地在村南。已知近者:①振生;②德*,有发、利、忠、路、明等7人;③广文、广安,高远、高山;④已有名,不详。②至④代在世,住前街中南部。

十七、吕氏

何时何地来此、所传代数不详,坟地在村西南。已知近者:①吕旺;②光恩、光荣、光明、光福;③单字名,有刚、强、生、泽,双字名:月江;④宝江、宝奇。现③至④代在世,住村东南部。

十八、陶氏

清光绪年间已有,前情不详,近者已知:①述堂、宗堂;②永祥;③玉林、玉海;④志国;宇航。现③至④代在世,住前街中部。

十九、庞氏

由北刘庄迁来。①佚名(庞书林曾祖);②永发;③述先;④书林、书立、书会;⑤天元、天宇。现④至⑤代在世,住中街中段路南。

二十、闫氏

由城关南桃园迁来。①振平;②德明;③起＊,有俊、瑞、发;④海军;⑤搏阳。现③至⑤代在世,住后街。

二十一、田氏

何时何地迁来、所传代数不详。已知近者:①永＊(佚名);②俊＊,有祥、瑞、福、禄;③学＊,有刚、文、武、全;④单字名;⑤思晗、思成。现③至⑤代在世,住中街及村西南部。

二十二、唐氏

从河西务岳(yào)庄迁来。①伦;②永海;③秀林;④伟;⑤子军。现③至⑤代在世,住中街西段路北。

二十三、周氏

从河西务龚庄迁来。①佚名(周存生曾祖);②凤舞(俗称周凤);③树金;④存生。现存生及以下在世,住中街西段路南。

二十四、魏氏

从山东逃荒过来。①成海;②起;③秉义;④俊宇;⑤文杰。现③至⑤代在世,住前街沿河路西。

二十五、胥氏

由河北安次落垡口迁来。①殿发;②德全;③俊生、俊友。现②至③代在世,住益智北路西侧。

已消失的姓有6个:韩、邵、杨、肖、薛、沙。

二十六、韩氏

为本村立名姓氏。在村东、村西、村南原有三片韩坟,均已毁。后人先后迁往他处。清末民初还有韩姓人家。风水先生王兰新曾拜韩六先生为师。

二十七、邵氏

村南有邵坟,已毁。人烟信息,湮灭无存。

二十八、杨氏

西口有杨坟,已毁。属城关杨。村内最后一人为杨顺。

二十九、肖氏

由白古屯桐林迁来,已知肖七(佚名)推小车、敲堂锣,吸引孩子用破烂换玩具,无子女,已故。

三十、薛氏

前情不详,已知近者:①坤,住郭玉奎西边,大院落,中间五间房;②起元;③宝山,未婚已故。

三十一、沙氏

沙红文祖父①佚名,由聂营迁来;②振怀;③红文,未婚已故。

附记:

除宋、黄两姓有文字记录,"廷字张"准备写新祖单外,各姓全凭心记口述。每姓采访1至2人,加上本人记忆,记下很多人名,主要为保存资料,一个人名就有一个故事,但这些也只是全部人名的冰山一角。2020年12月,宋文奎记。

宋家姑奶奶

宋家祖上宋起的小女儿,我们(文字辈)应叫她老姑太太,少年时参加红灯照,就是义和团时的娘子军。后嫁给城关李家,终生无子女,年老入敬老院,死后被娘家侄孙葬于本村南口,头南足北,坐起可看见娘家。

她的三姐,我们叫三姑太太,就是周存生的曾祖母,老年时头上两边先后长出角来,后来又自己脱落了,七八十岁的人都见过。这在生物学上说,长出来的是皮质角,犹如人手脚上长的茧子。

地　　主

韩营的地主有新旧之分。据我所知,旧地主指李洪,人称大李洪,中华人民共和国成立时已一贫如洗,他的儿子都不管他了,搬南马坊去了。李洪靠流浪乞讨度日。生产队时,他是后街人,后四个队不要他,被安排到我们三队,按五保户对待,住队址牲口棚,与饲养员宋存志(人称罗锅、锅爷)同住,数日一领粮食。但还是经常外出乞讨,去饭馆吃人剩饭,也比自己做的有油水。后来年纪大出不去了,小伙子们帮他做饭,拿他取乐。他死在三队,队里砍了一棵杨树打棺材,把他埋葬。

他有个朋友大结巴,姓祝,是白古屯东口沙地(小自然村)人,倒卖古玩,去各地寺庙揭取壁画,卖给外国人。算成分地主。

新地主郭玉茹,省吃俭用。后来房子改了学校。新地主郭玉奎,房子成了农场(苗圃)场部。他的土地做了苗圃的说法,是一个笼统的说法,哪有一家几百亩地连成一片的?建农场时是经过土地调换,并与外村拨补才实现的。比如占用本村人的地,要在外村如草茨给他补一块。这些在外村的地,人民公社化以后,本村嫌远,种不种都一样,"一大二公"后就自动放弃不要了。后来有人说苗圃占了韩营土地,也是一种误解。

后街新地主,当是姓葛,有砖瓦三合,两个并排。公社化初期"一大二公",全村一个库房,就当了库房和办公室。

村级办公场所变动

中华人民共和国成立初期在大庙或大庙耳房,扒耳房后,大庙东盖平房,用到高级社。高级社还在前街宋朴园子盖五间旧砖头房,叫副业。公社化后,把后街葛家大院两个并排的砖瓦三合房当库房,叫后库,兼办公。公社确定三级所有、队为基础以后,在今佳佳超市处临街盖了10间砖房,做配电室、电磨房和办公室。四清后没收林木宝房子一处(中街东段路南),在内气焊、翻砂、电磨、办公。1975年左右,置换徐元红砖房三间(约在今陈连发处),东屋"革委"办公,西屋作医务室。1977年左右,大队盖了10间红砖房办公,后院是知青大院,后来房坏,就到林凤岩家办公了。再后来,就到储蓄所旧址(中街中段路北)。

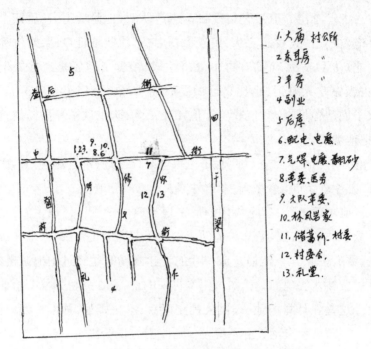

1. 大庙 村公所
2. 东耳房 〃
3. 平房 〃
4. 副业
5. 后库
6. 配电、电磨.
7. 气焊、电磨、翻砂
8. 革委、医务
9. 大队革委.
10. 林凤岩家
11. 储蓄所、村委
12. 村委会.
13. 礼堂.

韩指挥营村级组织办公场所变迁图

二十世纪六十年代水利

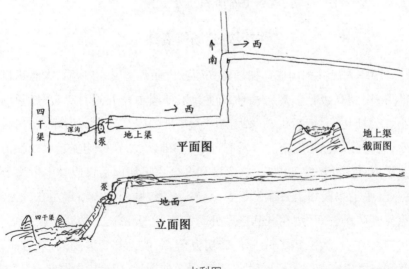

水利图

1964年在"四清"工作队帮助下,村里进行地上灌溉,在村南四干渠西堤(今健身场以南)设扬水点,渠底加深以蓄水,地上架两台以上大泵,泵接大的地上渠,时称"大龙沟",高宽均在两米左右,往西往南,往西直到苗圃西南角,渐窄渐低,可以浇灌南口,以及苗圃以西部分土地。当时渠高水多,时常决口,人少很难堵住,后来就有宋文记以身堵水门的笑谈。地上水灌溉,除南口外,在北口亦设过扬水点。

1977年至今韩指挥营村历任班子成员名单

1977年至1987年

书记:李德生

村长:黄世忠 荣纪清

1987年至1990年

书记:荣焕清

主任:荣纪清

1990年至2003年

书记:林凤岩

主任:黄自武 李书祥 谢凤东

2003年至2018年

书记:谢凤东

主任:李书祥 郭俊华 韩书香

2018至今

书记兼主任:马焕铭

"两委"成员:荣维民 宋培荣 施荣刚 田学刚 王燚

南开大学帮扶韩指挥营工作图录

调研韩指挥营道路情况

帮扶组进村时,韩指挥营道路状况极差,村内无一条完整的硬化路面,里巷路基本以土路为主,出行极为不便。2017年10月19日,帮扶组会同村"两委"班子成员实地测量村庄主干路、主路、里巷路长度,为后期道路建设提供数据支持。

调研人员在泥泞的道路中

调研村中里巷

南开大学十九大精神学生宣讲团宣讲十九大精神

2017年11月12日下午,南开大学十九大精神学生宣讲团来到韩指挥营,宣讲十九大精神。

大王古庄镇领导,韩指挥营"两委"班子成员,南开大学学生宣讲团指导教师艾伟俊,校团委宣传部部长郭威,南开大学驻韩指挥营帮扶组成员及南开大学学生宣讲团成员与村民齐聚生活广场,学习宣传十九大精神,讨论如何实现乡村振兴

活动结束后,南开大学医学院宣讲成员入户为村民讲解
医疗健康知识,并为村民义务测量血压,为村民送上健康福利

"南开情暖 送福下乡"2018年春节慰问活动

2018年2月8日下午至2月9日,受南开大学校领导委托,驻村帮扶
组和韩指挥营"两委"班子成员到困难群体家中走访慰问。

帮扶组和韩指挥营"两委"成员先后来到村内17户困难群
体(10户低保户,7户五保户)家中,送上面、油和由南开大学书
画协会成员亲笔书写的春联祝福

韩指挥营南开书屋建成

为宣传基层党建,传播南开品牌,南开大学驻村帮扶组积极与学校党委组织部、学校帮扶办联系,建设南开书屋。书屋位于村委会西侧,紧邻村民活动室,屋内安置三个书架和两个期刊柜,墙上悬挂入党誓词和南开校训。于2018年1月中旬建成使用。2019年10月新村委大院建成,南开书屋搬至大院西北角。

南开书屋大门外观与牌匾。是为旧南开书屋

2018年1月25日,韩指挥营村少年儿童参观南开书屋

南开大学"新春走基层　陶铸报国志"寒假主题社会实践

2018年1月25日上午,南开大学校团委、法学院和立公基层研究会的党员师生代表来到韩指挥营,开展主题为"新春走基层 陶铸报国志"的寒假社会实践活动。

师生代表与南开大学驻村帮扶组及韩指挥营村"两委"成员在韩指挥营村委会召开座谈会,与会人员共同为南开大学学生社会实践基地揭牌并合影留念

为关怀村内未成年人,南开师生代表将"途梦"法律课堂带进韩指挥营村,现场讲授了"未成年人保护"的法律知识

南开大学校工会组织书画协会开展"南开情暖 送福下乡"活动

2018年2月6日上午,由南开大学校工会、南开大学书画协会和南开大学驻村帮扶组共同组织的"南开情暖 送福下乡"活动在韩指挥营村举行。校工会负责人,南开大学书画协会常务副会长、历史学院博士生导师朱彦民教授,书画协会秘书长刘经章携南开大学书画协会一行11人现场为村民书写福字、春联,送福下乡,带来南开人浓浓的新春问候。

活动现场

南开大学经济与社会发展研究院到韩指挥营举办主题党日
暨区域经济发展专题研讨活动

2018年4月19日上午,南开大学经济与社会发展研究院(以下简称经发院)在院长刘秉镰教授、党支部书记白雪洁教授、南开大学原机关党委书记苏明辉老师的率领下,会同南开大学学校办公室副主任、南开大学国内合作办公室主任闫彪,一行30人来到武清区大王古庄镇韩指挥营村开展主题党日活动。

经发院、校办一行与武清区副区长曲海富、大王古庄镇党委书记张大国、韩指挥营"两委"成员、南开大学驻村帮扶组座谈

参观调研京滨工业园,走访了海纳川海拉(天津)车灯有限公司、天津智通机器人系统有限公司,听取企业相关负责人对公司重点项目的详细介绍

南开大学经济学院行政党支部与韩指挥营村党支部共建活动

2018年5月16日,南开大学经济学院行政党支部在王成辉副院长带领下,来到韩指挥营与村党支部开展共建活动。

南开大学经济学院行政党支部一行与帮扶组及韩指挥营"两委"成员举行座谈,南开大学驻村帮扶组组长、第一书记许宏山介绍帮扶组制定的"一河一路、七彩组团"规划方案

南开大学经济学院行政党支部成员、韩指挥营"两委"班子和南开大学驻村帮扶组来到低保户林玉成和葛立新家中,送上米、面、粮油等慰问品

南开大学历史学院行政党支部与韩指挥营村党支部共建活动

2018年5月17日,应南开大学驻村帮扶组邀请,南开大学历史学院行政党支部来到韩指挥营村与村党支部开展共建活动。

南开大学历史学院行政党支部、韩指挥营"两委"班子和南开大学驻村帮扶组在韩指挥营村委会合影

南开大学历史学院行政党支部成员、韩指挥营"两委"班子和南开大学驻村帮扶组来到低保户家中,送上米、粮油等慰问品

南开大学图书馆党支部与韩指挥营村党支部共建活动

2018年5月24日,南开大学图书馆党委书记穆祥望带领南开大学图书馆读者一部、读者二部、古籍部党支部一行24人来到韩指挥营村开展主题党日活动。

图书馆三个党支部成员、韩指挥营"两委"班子和南开大学驻村帮扶组手持图书馆特制书签,在韩指挥营村委会院内合影留念

古籍部党支部书记惠清楼向韩指挥营村党支部书记谢凤东赠送图书馆藏书

古籍部修复室宋世明老师现场演示缝制线装古籍

南开大学生命科学学院专家组考察韩指挥营村

2018年6月5日,南开大学生命科学学院党委书记田冲带队,行政副院长田在宁、教授阮维斌一行三人到韩指挥营村开展考察工作。

生科院专家组和帮扶组来到玫瑰庄园,洽谈农业项目合作事宜

南开大学外国语学院行政党支部与韩指挥营村党支部共建活动

2018年6月7日,由外国语学院副院长焦艳婷带队,外国语学院党委书记邹玉洁率学院行政党支部一行15人来到韩指挥营村委会,与村党支部开展共建活动。

邹玉洁作题为"坚持党的领导,实施乡村振兴战略,全面实现小康社会"的党课

外国语学院行政党支部成员、韩指挥营"两委"班子和驻村
帮扶组携带软件操作书籍和米、粮油等慰问品慰问低保户

韩指挥营村主干路整修

2018年6月5日主干路面硬化工作开启,至7月初基本完成。后期,将进行两侧人行道面包砖铺设工作。

硬化路面施工(2018年7月17日)

道路施工(2018年7月17日)

初步硬化的路面(2018年7月17日)

南开大学历史学院村志编写小组到访商讨村志编写事宜

2018年7月18日,南开大学历史学院村志编写小组由副院长王昊带队,一行4人来到韩指挥营,与驻村帮扶组、村"两委"班子成员、村内老人代表商讨韩指挥营村村志编写事宜。

关于村志编写的座谈会

南开大学党委组织部考核驻韩指挥营村帮扶组帮扶工作

2018年9月28日,南开大学校党委副书记张亚、党委组织部部长李君等一行3人来到韩指挥营,对南开大学驻村帮扶工作组一年期工作进行考核。

大王古庄镇党委副书记韩志军、副镇长程艳庆、韩指挥营村"两委"班子、南开大学驻韩指挥营帮扶组参加考核会议

张亚一行3人到帮扶组驻地了解帮扶组日常生活情况

南开大学经济学院国情社情调研

2018年11月9日上午,南开大学经济学院国情社情调研小组由张海鹏副教授带队,一行6人来到韩指挥营村,探索以韩指挥营村为例的我国城市近郊农村脱贫致富的可行路径研究。

调研小组与村"两委"、帮扶组座谈

国情社情调研小组和村"两委"班子、帮扶组来到五保户家中，送上米、面、粮油等生活慰问品

南开大学法学院寒假社会实践活动

2019年1月19日，法学院师生代表到韩指挥营村开展"以小我融入大我，南开与祖国同行"主题寒假社会实践活动。

法学院师生与大王古庄镇副镇长程艳庆、韩指挥营村"两委"班子、驻村帮扶组座谈。大家一起观看了新闻联播，重温习近平总书记来到南开大学视察时的振奋时刻，积极学习习近平总书记视察南开大学重要讲话精神

法学院学生为村民作宪法精神宣讲

南开大学副校长李靖赴韩指挥营村调研慰问

2019年1月29日,副校长李靖带领学校国内合作办公室主任闫彪等一行4人来到韩指挥营村调研慰问。2020年1月16日,南开大学副校长李靖再次来到韩指挥营村调研慰问。

2019年1月29日,李靖走访困难群众

武清区常务副区长洪世聪调研帮扶工作

2019年4月1日下午，武清区常务副区长洪世聪、大王古庄镇镇长王继宾、副镇长程艳庆来到韩指挥营村委会调研帮扶工作情况。

韩指挥营"两委"班子、南开大学驻村帮扶组参加调研座谈会

南开大学文学院本科生党支部开展主题党日活动

2019年5月22日，南开大学文学院本科生党支部到村开展主题党日活动。

韩指挥营"两委"班子、南开大学帮扶组和文学院本科生党支部成员合影

　　文学院本科生党支部成员发挥专业特长,为村内小朋友准备了一堂生动的趣味互动课,教小朋友练习书法,讲述毛笔制作的小故事,令小朋友领略中华传统文化的魅力

南开大学党委书记杨庆山赴韩指挥营村调研慰问

　　2019年8月19日,校党委书记杨庆山前往韩指挥营村调研慰问。副校长李靖陪同。学校办公室、扶贫工作办公室负责人参加活动。

杨庆山与南开大学驻村工作组、韩指挥营"两委"班子成员座谈交流

杨庆山考察韩指挥营村基础设施改造工程

2020年春节"迎春送福"暨春节慰问活动

2020年1月15日上午,帮扶组和韩指挥营村"两委"班子为村民发放福字,现场人头攒动,春意融融。福字由南开大学为村民准备。

送福字现场

1月16日上午,受南开大学校领导委托,驻村帮扶组和村"两委"班子成员来到村内困难群体家中走访慰问,送上新春祝福。

帮扶组和韩指挥营"两委"班子成员先后来到15户困难群体家中，
送上米、面、粮油和春联祝福

南开大学为韩指挥营捐赠重要防疫物资

2020年3月，韩指挥营防疫物资已濒临用尽，驻村帮扶组积极和南开大学联系，汇报村级防疫情况和面临的困难。学校获悉相关情况后，以最快速度采购各种防疫物资并及时配送到村，包括口罩、75%医用酒精、医用橡胶手套、免洗杀菌洗手液、防护服等，为韩指挥营村疫情防控阻击战备下充足物资。

南开大学捐赠的部分防疫物资

"南开情暖，送福下乡"活动

2020年12月31日，教育部南开大学中华优秀传统文化中国书画传承基地、南开大学扶贫工作办公室和南开大学驻村帮扶组共同组织"南开情暖，送福下乡"活动。基地成员一行14人来到韩指挥营村委会，为村民书写福字、春联，送福下乡。

大礼堂活动现场，共送出400多张福字，300多副春联。活动还特地为村内10个低保户、7个五保户准备了春联和福字，专程送福上门

基地成员与村民合影